Er kam immer kurz vor Ladenschluss

und andere

Weihnachtsgeschichten

senexLibri

Er kam immer kurz vor Ladenschluss
Und andere Weihnachtsgeschichten

Weihnachts-Erzählungen von
Harry Bruno Greis

Autor: Harry Bruno Greis
Herausgeber: senexlibri
Druck und Vertrieb: bookmundo
Cover*, Coverdesign und Illustrationen: Harry Greis
ISBN:978-94-6342340-3

www.senexlibri.com

*Cover: Adventsfenster, in Karton gestochen und mit Scheinwerferfolien verglast. 2002

Er kam immer kurz vor Ladenschluss

Wie sieht es aus? fragte sie beim Vorbeihasten.

Nicht schlecht, warf er ihr zu und schaute auf den schmalen, weißen Streifen, den er ein wenig aus der Kasse gezogen hatte, aber bis Weihnachten kann noch viel passieren.

Sie war schon wieder weg. Sie stand unter Stress. So ging das jedes Jahr, es war nichts Neues. Nur hatte früher der Weihnachtsverkauf erst im Advent eingesetzt. Jetzt lockten bereits Mitte November - die Obstbäume hatten noch nicht mal ihre letzten Blätter abgeworfen - weihnachtlich geschmückte Tännchen Käufer in die Läden. Auch bei ihnen war das Weihnachtsgeschäft angelaufen, und es musste laufen, besser als letztes Jahr. Da hatten sich die erwarteten Umsätze nicht eingestellt. Mindestens einen Viertel des Jahresumsatzes hatte der Weihnachtsverkauf zu bringen. Und so wie es aussah, sollten sie es diesmal schaffen. So hatten sie alle Hände voll zu tun in ihrem kleinen Warenhaus in der kleinen Stadt. Nur, der Erfolg verlangte seinen Preis: Das Privatleben musste in diesen zwei Monaten gewaltige Abstriche machen. Das wussten auch die Kinder. Immerhin glaubten mittlerweile auch die Jüngsten nicht mehr ans Christkind, und so konnten die Eltern mit allen vieren vernünftig über Weihnachten reden. Und vernünftig über Weihnachten reden, hieß für sie auch, über das Geschäft und den Umsatz reden. Diese standen nun mal an allererster Stelle. Die größeren beiden hatten ja in der Schule kochen gelernt, also sollten sie das auch zu Hause tun und das Mittagessen selber kochen. Am Abend machte man es dann sowieso immer auf die Schnelle.

Das Geschäft hatte also in der Zeit vor Weihnachten das Sagen, nicht mehr, wie früher, der Kalender. Der Advent, so fern es ihn noch gab, durfte sich noch ein wenig im November ausstrecken. Im Dezember sprachen alle von Weihnachtszeit. Und wenn Weihnachten endlich ankam, hatten alle mehr als genug davon. So reichte die Weihnachtszeit ziemlich genau bis zum Heiligen Abend, eine halbe Stunde nach Ladenschluss. Danach richteten sich die Interessen auf den Silvester und die Fasnacht. Bei ihm und ihr jedenfalls war das so. Die Kinder glaubten, wie gesagt, nicht mehr ans Christkind, und so konnten die Eltern getrost ein paar Dinge, die noch in den Regalen standen, mitnehmen und ihnen in die Hand drücken. Zum Essen gab's dann, wie an allen Abenden, etwas, das im Laden sonst hätten verderben müssen. Sie waren ganz einfach zu abgespannt und zu müde, um noch ein großes Geköch zu machen. Sie hielten ihre Kinder für verständnisvoll, und das sollten sie auch ihrer Meinung nach sein, denn schließlich hing der Wohlstand der ganzen Familie ja einzig davon ab, wie gut das kleine Warenhaus lief. Er schob den Kassenstreifen wieder in die Maschine und schloss den Deckel. Es war kurz vor Ladenschluss am ersten Wochentag im Dezember.

Als der alte Mann den Laden betrat, fiel er ihm sofort auf. Zwar betraten jetzt Unzählige den Laden und Unzählige verließen ihn wieder, meistens mit ein paar Tragtaschen mehr an den Händen. Aber der alte Mann fiel aus dem Rahmen. Er machte kurze Schritte. Das Gehen verursachte ihm trotz seines Stocks offensichtlich Schmerzen. Aber es sah so aus, als wollte er es verstecken, und so schritt er würdevoll, ja königlich aufgerichtet zwischen den hastenden und strebenden Menschen hindurch, so als käme er direkt aus einer ganz anderen Welt. Er steuerte geradewegs auf den Geschäftsleiter zu.

Guten Abend, sagte der alte Mann und lüftete seinen Hut. Das tat sonst keiner mehr. Ich hätte gerne einen Füllfederhalter.

Da haben wir sehr schöne. Darf ich Sie dort hinüberbitten?

Er ging dem alten Mann voran.

Dieser hier ist günstig, er kostet nur ...

Nein, ich möchte etwas Schönes, einen mit einer vergoldeten Feder.

Ah, solche liegen hier. Bitte sehr. Ziehen Sie eine schmale oder eine breite Feder vor?

Was wäre Ihnen lieber?

Nun, ich denke, der ist für jemanden, den ich nicht kenne. Warum soll ich sagen, was mir lieber wäre?

Doch doch, sagen Sie mir ihre Meinung?

Nun, ich würde eine breite Feder nehmen.

Also nehmen wir einen mit einer breiten Feder.

Gerne, und welche Farbe soll der Füller haben?

Was gefällt Ihnen?

Ach, was gefällt mir?

Er spürte in seinem Innern eine Nervosität aufkommen. Jetzt vor Ladenschluss sollte er an allen Ecken und Enden sein, und außerdem standen noch so viele Leute da, die bedient werden wollten, und da beanspruchte einer seine kostbare Zeit, indem er ihn ständig fragte, was ihm denn gefiele. Aber er zeigte dem alten Mann seine Erregung nicht.

Ich würde den Schwarzen vorziehen.

Gut, sagte der alte Mann, ich nehme den Schwarzen. Nun brauche ich aber noch Tinte und ein nettes Tintenfässchen.

Gerne.

Und einen eleganten Halter auf den Schreibtisch.

Das haben wir da.

Der alte Mann schien keine Eile zu kennen. Seelenruhig fragte er auch bei diesen Gegenständen jedes Mal nach der Meinung seines Gegenübers, und er merkte nicht, wie dieser immer häufiger auf die Uhr schaute. Endlich hatte er alles.

Soll ich es als Geschenk einpacken?

Ja bitte, aber in rotes Papier.

Ja, das haben wir.

Und mit einer dunkelblauen Schleife.

Er seufzte. Wenn alle Kunden so anspruchsvoll wären.

Ich muss schauen, ob wir blaue Schleifen haben.

Ach ja, und dann bitte ich Sie noch, einen Tannzapfen dran zu hängen, einen goldenen.

Der kostet aber vier Franken.

Ja ja, das geht in Ordnung und eine rosa Etikette mit Goldrand.

Nun stöhnte er hörbar und schaute geradezu theatralisch auf die Uhr: Ich weiß wirklich nicht, ob wir das noch alles schaffen vor dem Ladenschluss.

Oh, machen Sie sich keine Sorgen, ich brauche das Geschenk ja heute noch gar nicht. Packen Sie es morgen in aller Ruhe ein, und ich komme am Abend und hole es ab; um die gleiche Zeit, wie heute. Ist Ihnen das recht?

Es war ihm mehr als recht. Anderntags brachte er den Füller und die anderen Dinge samt dem roten Papier, der dunkelblauen Schleife und dem vergoldeten Tannzapfen seiner Frau, und diese nahm sich irgendwann einmal Zeit, es einzupacken. Schließlich hatte der alte Mann ja auch nicht den billigsten Füller ausgewählt, und der Umsatz des Weihnachtsgeschäftes sollte ja einen Viertel .... Na ja, sie hatte aufgehört, immer alles zu hinterfragten. Sie band dem Päcklein eine besonders schöne Schleife um, und als der alte Mann kurz vor Ladenschluss hereinkam, hatte sie sogar ein Lächeln für ihn auf den Lippen.

Oh, das gefällt mir, herzlichen Dank.

Das macht dann ...

Ich hätte noch gerne wegen Kristallgläsern geschaut, sagte der alte Mann, und sie bat ihn zum entsprechenden Gestell.

Nun spielte sich die gleiche Szene ab, wie am Abend zuvor. Auch sie sah sich genötigt, länger als üblich bei diesem Kunden zu verweilen. Auch sie sollte, gefragt nach ihrem Geschmack, eine Bewertung abgeben. Ja, der alte Mann spannte sie sogar in ein geradezu philosophisches Gespräch ein über Gläserschleifen im Allgemeinen und Kristallgläser im Besonderen. Und als er sich endlich, dank ihrer geduldigen Beratung, zu einem ganzen Dutzend kostbarer Gläser durchgerungen hatte, wünschte er diese liebevoll verpackt, mit grünem Papier und einer goldenen Schleife diesmal, dafür mit einem handbemalten Pilz als Anhänger. Und weil die Zeit auch jetzt wieder knapp vor dem Ladenschluss drängte, erklärte er sich bereit, am nächsten Abend wiederzukommen, damit sie es tagsüber in Ruhe einpacken könne. Er bezahlte den Füllfederhalter, nahm ihn und ging.

Obwohl sie eigentlich schon wieder an mindestens vier andern Stellen des Ladens sein sollte, hielt sie am nächsten Morgen die Gläser minutenlang gegen das Licht und ließ die Regenbogenfarben darin spielen.

Er hat Geschmack, der Alte, dachte sie. Sie hatte ihn ja beraten, aber das hatte sie vergessen. Sie rollte die Gläser sorgfältig in Seidenpapier. Dann holte sie grünes Papier und eine goldene Schleife und zuletzt einen handbemalten Pilz. Sie freute sich sogar ein wenig auf den Abend, wenn der alte Mann wieder käme und sie wegen der schönen Verpackung lobte. Für Lob war in der vorweihnachtlichen Hektik sonst kein Platz. Umsatz war das Treibmittel.

Er sparte nicht mit Anerkennung. Er hatte Zeit. Dann suchte er einen Stall aus Holz mit dazu passenden Tieren für einen Viertklässler. Und die Zeremonie, irgendwie beinahe schon zum Ritual geworden, wiederholte sich. Er nahm sich Muse beim Auswählen und sie sollte ihn beraten. Schließlich bat sie der alte Mann - er hatte ihre Unruhe bemerkt - ihm doch bis morgen Abend zu diesem Stall passende Tiere und was sonst noch so zu einem Bauernhof gehöre zusammenzustellen, einfach so, wie sie glaubte, es sei schön und es fehlte nichts. Die Kristallgläser bezahlte er, dann trat er auf die Straße hinaus.

Sie fand ihr eigenes Verhalten seltsam, aber sie befreite sich aus dem Wirbel und nahm sich tatsächlich Zeit, den Stall zu vervollständigen. Schließlich war ihr Jüngster auch Viertklässler, und so stellte sie sich einfach vor, was der Bub sich wünschte, müsste sie für ihn dieses Geschenk herrichten. Sie wählte Haustiere, aber auch einen Bauern, die Bäuerin, den Knecht, eine Magd und einen Traktor. Und ihr Mann kam vorbei, hielt an und schmunzelte: Ein Hund - ein Hund darf auf einem Bauernhof nicht fehlen. Er stellte das Tier aus Holz dazu, und sie standen da, betrachteten alles und lachten, nur für einen kurzen Augenblick, aber echt und von Herzen. Und sie dachten an diesem Tag mehr als einmal darüber nach, was der alte Mann am Abend wohl dazu sagen würde.

Er war ganz begeistert und bat um eine entsprechende Hülle und - ganz klar, heute wäre es nicht mehr möglich - er käme selbstverständlich morgen wieder, um es abzuholen. An diesem Abend verlangte er eine Puppe mit Röcken zum Auswechseln. Man könne ja am nächsten Tag in Ruhe alles auswählen, herrichten und ihm dann zeigen. Sie führten sich ihr Töchterchen vor Augen, als sie die Auswahl trafen, und er war entzückt. Dann wünschte er mehrere CDs mit - ihnen schauderte es beim Gedanken, war er doch ein alter Mann - mit knallhartem Rock. Und dabei ließ er sich von ihnen genauso beraten, wie bei allen andern Geschenken, und weil sie beide nichts von dieser Musiksparte verstanden, fragten sie zwischen Nachtessen und Tagesschau ihren Zweitältesten, der mächtig darauf stand, was denn jetzt so in sei.

Schließlich bestellte er ein Computergame, und sie empfahlen ihm eines, von dem ihr Ältester in letzter Zeit ständig geschwärmt hatte.

Und als der alte Mann gegangen war, sagte er zu seiner Frau: Wenn dann noch eines übrig bleibt, können wir es dem Großen an Weihnachten ja mitbringen - aber das hat keine Eile, hängt auch davon ab, wie sich der Umsatz bis dahin entwickelt.

Der alte Mann kam jeden Abend, den ganzen Advent hindurch, und er kam immer kurz vor Ladenschluss. Er kaufte jedes Mal etwas, das auszulesen viel Zeit beanspruchte und das sie nicht sogleich auf den Ladentisch legen konnten oder etwas, das besonders verpackt werden musste. Aber er versprach immer, es am nächsten Tag abzuholen. Und er bezahlte, was er mitnahm. Nach den Geschenken besorgte er sich Weihnachtsschmuck, einen Christbaum auch, obwohl sie solche in ihrem kleinen Warenhaus gar nicht führten. Sie besorgten ihn. Schließlich entwickelte sich der alte Mann zu einem lukrativen Kunden.

Aber irgendwie gewannen sie ihn auch lieb. Er war in diesem hektischen, geschäftlichen Rummel so etwas wie ein schwebender, ruhender Pool, der die Zeit für einen Moment stillstehen ließ. Und es schien ihnen, als leuchtete durch diese unscheinbare Zeitlücke weit in der Ferne, aber jeden Tag etwas näher, ein kleiner, immer heller werdender Weihnachtsstern, nur für einen Moment zwar, aber regelmäßig jeden Abend. Und sie schauten nicht mehr auf die Uhr, wenn er einen neuen, ungewöhnlichen Wunsch vorbrachte.

So bestellte er goldene Christbaumkugeln, versehen mit Lilaschleifen. Sie setzten sich anderntags hin und schmückten drei Dutzend Kugeln mit Lilaschleifen. Er wollte Kerzen aus Bienenwachs mit silbernen Sternen an den dazu passenden Kerzenhaltern. Sie montierten Silbersterne an die Kerzenhalter. Er wünschte Tannzweige, an denen goldene Glöckchen hingen, für eine ganze Wohnung. Sie banden Glöckchen an fünfzig Tannzweige. Schließlich kaufte er Tisch Sets und dazu passende Servietten, verziert mit Scherenschnitten, die sie zuerst anfertigen mussten. Er kaufte langstielige Weingläser und goldverbrämtes Geschirr samt Besteck aus Silber und Windlichter als Tischschmuck, nebst Gestecken aus Trockenblumen und Seidenrosen. Er bezahlte es, wenn er es anderntags abholte, und er bestellte etwas Neues.

Stets erzählte er, was er sich wieder ausgedacht hatte und was er sich vorstellte, dann ließ er sich von ihnen beraten, und immer blieb ihnen nichts anderes übrig, als sich hinzusetzen, den Geschäftsbetrieb den Angestellten zu überlassen und herzurichten, was er gewünscht hatte - und immer machten sie es. Es tat der Kasse gut.

Am Tag vor dem Heiligen Abend überraschte er sie, indem er ein vollständiges Festessen für eine sechsköpfige Familie bestellte. Was er sich dabei ausgedacht hatte, führten sie längst nicht alles in ihrer Lebensmittelabteilung, schon gar nicht ein fertig gekochtes Essen, dazu noch warm. Auf sein ausdrückliches Bitten versprachen sie aber, es auswärts zu besorgen und bis zum nächsten Abend herzurichten. Sie hatten auch nichts dagegen einzuwenden, als er ihnen die ganze Wahl überließ. Es sollte auf keinen Fall ein schäbiges Essen sein, hatte er gefordert, ja, es sollte nur das Beste und Leckerste dazu verwendet werden. Er nannte ihnen einen Betrag und verschwand in der winterlichen Stadt.

Sie besprachen sich lange an diesem Abend, auch noch als sie schon müde im Bett lagen. Gleich am frühen Morgen stellten sie alles mit viel Liebe zusammen und bestellten, was bestellt werden musste. Sie nahmen sich Zeit, obwohl dieser letzte Tag im Weihnachtsgeschäft wie jedes Jahr der verrückteste aller Tage werden würde. Am Heiligen Abend kauften alle, die noch nicht alles hatten noch alles, was ihnen fehlte. Aber dann könnten sie beide aufatmen, dann wäre für sie die anstrengende Weihnachtszeit endlich vorbei.

Aber an diesem Abend kam der alte Mann nicht.

Sie ließen die Ladentüre offen. Nervosität stellte sich ein. Was sollten sie machen mit all den feinen Sachen, die da bereitstanden? Und wer sollte sie bezahlen? Immerhin ging es um einen Betrag von mehreren Hundert Franken.

Und, was jetzt?

Er wird noch kommen, wird sich verspätet haben.

Verspätet? Er war jeden Abend pünktlich, man hätte seine Uhr nach ihm richten können.

Vielleicht nimmt er ein Taxi - da draußen hält ein Taxi.

Aber der alte Mann war nicht im Taxi. Nur der Chauffeur stieg aus und brachte einen weißen Briefumschlag.

Da ist das Geld für das bestellte Essen, Gott sei Dank, seufzte er erleichtert, als er ihn geöffnet hatte.

Schreibt er nichts dazu?

Doch, er schreibt, er sei leider nicht mehr in der Lage, vorbeizukommen. Aber er bittet uns, das Essen an eine bestimmte Adresse zu bringen.

Das ist nun doch zu viel verlangt!

Denke ich auch. Wir sind doch kein Versandhaus!

Anderseits hat er anständig an unseren Umsatz beigetragen, und es scheint überhaupt, als hätten wir diesmal ein gutes Weihnachtsgeschäft gemacht.

Erfüllen wir ihm diesen Wunsch, schau, es ist nicht weit von hier, es ist in unserer Straße. Das dürfte noch drinliegen.

Hat er seine eigene Adresse angegeben?

Nein.

Frag den Taxifahrer!

Der ist schon weg!

Nun gut, wir bringen die Sachen hin. Wenn wir zurückkommen, sind die Angestellten auch fertig. Dann schauen wir, was wir den Kindern schenken wollen.

Der alte Mann hatte genau beschrieben, wohin sie das Festessen bringen sollten. Aber es fehlte der Name des Empfängers. Auf dem Zettel stand nur: Nach Ihrem Laden der achte Hauseingang in Richtung Bahnhof. Dann zweiter Stock, dritte Türe links.

Sie trugen es hin, beide Arme prallvoll, und stiegen die Treppe hinauf. Sie war ihnen bekannt, aber sie dachten sich nichts dabei. Sie waren müde, und endlich war die Weihnachtszeit überstanden. Im zweiten Stock blieben sie dann doch verdutzt stehen.

Dritte Türe links, das kann nicht sein, da wohnen wir selber. Schau auf den Zettel.

Wie soll ich das tun? Ich habe die Hände so wenig frei wie du.

Haben wir wirklich den achten Eingang genommen?

In diesem Augenblick sprang die Wohnungstüre auf und die Kinder drängten sich in den Türrahmen: Hallo!

Was ist denn hier los? Sie trauten ihren Augen nicht.

Ist nicht alles von euch gekommen?

Was soll gekommen sein?

Heute Nachmittag brachte ein Lieferwagen alle diese Sachen!

Den Christbaum!

Den Schmuck, die Kerzen, die Geschenke!

Wir dachten, es sei von euch und haben jetzt alles hergerichtet!

Sie betraten die Wohnung, sie glaubten zu träumen, wie im Märchen. Überall hingen Tannenzweige mit goldenen Glöckchen. So festlich hatte sie ihr Zuhause noch nie empfangen, schon gar nicht an Weihnachten. Mit einem Schlag war ihnen klar geworden, was all das bedeuten sollte: Die Lilaschleifen an den goldenen Christbaumkugeln, die silbernen Sterne, die unter den Bienenwachskerzen glitzerten, die Tischsets, die Servietten mit den Scherenschnitten, die langstieligen Gläser und das Goldgedeck, all das war ihnen wohlbekannt. Und unter dem Christbaum lagen Geschenke in rotem und grünem Papier mit vergoldeten Tannzapfen und handbemalten Pilzen.

Auch das Festessen war für sie bestimmt. Auf die Rückseite des Zettels hatte der alte Mann geschrieben - sie sahen es erst jetzt: Ich wünsche Ihnen von ganzem Herzen ein frohes Weihnachtsfest - Ihnen und Ihren Kindern.

Es war fast wie ein Schock für sie. Es war etwas, das sie nicht erwartet hatten, auf das sie sich im Grunde innerlich auch gar nicht vorbereitet hatten: Weihnachten war nicht vorbei, Weihnachten sollte erst beginnen.

Ich gehe nochmals ins Geschäft, sagte er, schließe ab und komme sofort wieder. Wenn schon alles soweit eingefädelt ist, na ja, dann wollen wir eben Weihnachten feiern. Tun wir's halt auch mal so, wie andere Leute.

Und als sie nach dem Essen die Geschenke auspackten, stieg die Festfreude noch höher. Es war etwas anderes, als wenn Geschenke, in Eile zusammengeramscht, einfach in die Hände gedrückt werden. Er freute sich über den Füller, den er sich selbst eigentlich schon lange gerne geleistet hätte. Sie hob erneut die Kristallgläser ins Licht, diesmal ins Licht von Bienenwachskerzen. Am meisten freuten sich die Kinder. Sie vermochten sich den alten Mann kaum vorzustellen, der für sie so treffende Geschenke ausgesucht hatte, obwohl er sie ja gar nicht kannte.

Auch die Eltern staunten zunächst. Aber dann wurde ihnen bewusst, sie selber hatten alles ausgewählt, zusammengestellt, verziert und verpackt. Es war ihr Geschmack und ihre Idee und ihre Arbeit gewesen, und sie hatten sich dazu sogar genau die Zeit genommen, die sie eigentlich dafür nie hergeben wollten.

Der alte Mann war bei all dem nur der Motor gewesen - abgesehen natürlich davon, dass er alles bezahlt hatte. Und weil er alles bezahlt hatte, wollten sie so schnell wie möglich herausfinden, wer er war. Sein Gesicht, seine aufrechte Gestalt trotz seiner schmerzenden, kurzen Schritten, sein Hut, sein Stock, all das war ihnen mittlerweile vertraut. Nur seinen Namen kannten sie nicht.

Sie sollten ihn erfahren, am ersten Wochentag nach Weihnachten. Er brachte ihr die Zeitung, zeigte stumm auf eine Todesanzeige. Das Foto daneben ließ keinen Zweifel offen: Es war der alte Mann. Am Weihnachtsmorgen sei er friedlich entschlafen, stand da. Er hatte in einem Altersheim am Rande des

Städtchens gewohnt. Sie fuhren hin. Der Heimleiter wusste mehr:

Er war ein sehr einsamer Mann. Seit dem Tod seiner Frau hat ihn kaum jemand besucht.

Hatte er keine Angehörige?

Doch doch. Aber er sagte mir einmal, er hätte früher nie Zeit für sie gehabt, jetzt hätten sie ihn eben auch vergessen.

Wer war er?

Ein Geschäftsmann. Er lebte tatsächlich - das bezeugen auch andere, die ihn kannten - er lebte nur für sein Geschäft, für nichts anderes. Das bereute er später, aber da war es zu spät.

War er denn krank?

Ja, er hatte Krebs. Wir sahen ihn bereits im November auf dem Friedhof. Aber er sagte, er hätte bis Weihnachten noch eine ganz wichtige Aufgabe zu erfüllen. So stand er wieder vom Bett auf und ging jeden Abend weg. Und weil er zum Nachtessen jedes Mal glücklich und zufrieden zurückkam, ließen wir ihn gewähren. Allerdings wissen wir nicht, was er bei seinen Ausgängen getan hat. Ich wollte ihn bei Gelegenheit darnach fragen. Nun ist er gestorben und hat sein Geheimnis mitgenommen.

Sie sagten lange nichts. Sie schauten am Heimleiter vorbei, irgendwohin in eine weite Ferne, und es schien ihnen, als stehe die Zeit wieder still, so wie immer dann, wenn der alte Mann in ihren Laden gekommen war. Nein, er hatte sein Geheimnis nicht mitgenommen. Er hatte es ihnen mitgeteilt, auf seine Art eben. Aber sie dachten es nur. Sie sagten es dem Heimleiter nicht. Sie hätten sich geschämt.

Auf einem Grab im Friedhof draußen brannte fortan ein Windlicht, und sie hatten sich vorgenommen, es nie ausgehen zu lassen.

Es war, als erzählte sie sein Leben

Peng, die Stubentüre flog ins Schloss. Dany polterte durch den Gang und zerrte seine nietenbeschlagene Lederjacke vom Kleiderhaken. Jetzt ist Schluss, ich verreise, schrie er zornig.

Der Vater riss die Türe wieder auf - noch immer die Zeitung in der Hand füllte er den Türrahmen: Und ich sage, du bleibst hier. Den Heiligabend verbringt die Familie zusammen.

Ohne mich, ich habe endgültig genug, Dany schränzte den Reißverschluss hoch, feiert euere Scheißweihnacht selber.

Bleich kam die Mutter aus der Küche. Was ist denn jetzt schon wieder los? fragte sie in einem Ton, der zu schlichten versuchte. Sie kannte ihre Männer nur zu genau, und in letzter Zeit gab's mehr als einmal Feuer im Dach.

Der Schnuderi weigert sich, den Christbaum zu schmücken, donnerte der Vater und Schweiß perlte auf seinem erregten Gesicht, unser Söhnchen findet, Weihnachten sei ein alter Zopf.

Die beiden waren einmal mehr zusammengeprallt. Der Vater, fleißiger und strebsamer Abteilungsleiter einer Modefirma, mochte sich immer weniger mit den Ideen seines einzigen Sohnes abfinden. Er, der Mann, der immer korrekt gekleidet daherkam, ertrug es einfach nicht, wenn Dany sich wie ein Punk anpellte, den Schopf verwildern ließ, das rechte Ohr mit einem Ring behängte. Für Vater eine lausige Gestalt. In letzter Zeit hatten sich die Klagen gehäuft. Der Lehrmeister, ein Kollege aus dem Amateurfilmklub, hatte Vater angesprochen, Dany wäre unzuverlässig, redete oft davon, die Lehre abzubrechen. Dann hatte der Berufsschullehrer telefoniert und sich beschwert. Erst vor Tagen hatte es Streit gegeben wegen einer Busse für das frisierte Mofa. Dany hatte statt Reue gezeigt, noch Öl ins Feuer gegossen:

Du musst gar nichts sagen, hatte er dem Vater seinerseits vorgehalten, hast erst letzte Woche - am Frühstückstisch - mit deinem Glück geprahlt, weil du nach der Firmenfeier mit deinen zu vielen Promillen nicht in eine Kontrolle geraten warst.

Aber das heute Abend nun gipfelte für den Vater in der absoluten Geschmacklosigkeit. Er hob die Hand, um Dany Eine zu verpassen. Der bereits mehr als sechzehn Jahre alte Bursche aber fing den Arm des Vaters mit kräftigem Griff auf und drohte, zurückzuschlagen, falls er Hand an ihn legen sollte. Der Vater war seinem Sohn nun auch körperlich nicht mehr gewachsen. Dany schmetterte die Wohnungstür hinter sich zu, fegte die Treppe hinunter und stürmte in den Hinterhof. Dort stoppte er - alles weiß. Seit ein paar Stunden schneite es. Das erste Mal in diesem Winter. Niemand hatte mehr mit weißen Weihnachten gerechnet. Sollte er sein Mofa nehmen und gleich abhauen, irgendwohin, um gar nie mehr zurückzukehren?

Da komm ich nicht weit, dachte er mit Blick auf den gut zwanzig Zentimeter hohen Pulverschnee. Muss mich überhaupt erst abregen. Kohle und Klamotten brauche ich auch. Wenn die Alten in der Mette sind, hole ich meinen Plunder und kratz die Kurve.

Im fünften Stock flog ein Fenster auf, und etwas Dunkles sauste in die Tiefe. Dany erstarrte vor Schrecken. Direkt neben ihm landete der noch schmucklose Christbaum. Der Junge kannte seinen Vater. Der konnte eigene Ideale zerstören, wenn er wütend war. So würde es heute also keine Weihnachtsfeier in der Familie geben.

Auch recht so. Dany begann, durch den Schnee zu stapfen. Keine Seele draußen in der Stadt. Still und leblos die Gassen. Nur überall beleuchtete Weihnachtssterne über den Straßen, da und dort elektrische Kerzen an Tännchen. Dany nahm das nicht wahr. Er stierte vielmehr in den Wirbel der Schneeflocken und trottete die Straße hinunter. Zugegeben, er war ein schwieriger Kerl geworden. Er und Vater verstanden sich seit einiger Zeit nicht mehr besonders. Aber er wollte jetzt endlich sich selber ein, trug Jeans und Jacken aus schwarzem Leder, reichlich mit Nieten besetzt, dazu einen Gürtel mit wuchtiger Schnalle und Stiefel mit hohen Absätzen. Das bedeutete nun mal Freiheit, und Dany stand darauf.

Aber das, was die Kluft zwischen ihm und seinem Vater ständig verbreiterte, war im Grunde genommen gar nicht das Äußere. Nein, er hasste mehr und mehr das materielle Denken seiner Eltern, ja der ganzen Gesellschaft. Es schien ihm unverständlich, weshalb alle sich so abkrampften, nur um einen gehobenen Lebensstandard zu genießen. Einen Wohlstand, der ihm, wie er sagte, Angst machte.

Eines Tages werden wir die Technik nicht mehr im Griff haben, hatte er kürzlich am Tisch verkündet, und wir werden dafür einen hohen Preis bezahlen.

Da er in seiner rotzigen Art dann noch beifügte, für die Generation der Eltern spiele das ja keine Rolle mehr, aber seine Generation werde dafür wohl büßen müssen, gab es Krach.

Und jetzt dieses Weihnachtsgehabe, dieser Klimbim, überall falsches Silber und Gold.

Dabei hatte er selber seinen Beitrag an den Zierrat der Auslagen geleistet: Er lernte Schaufensterdekorateur.

Weihnachten ist so eine geschäftliche Sache, grollte er weiter und steckte die Fäuste tiefer in die Jackentasche, denn an Handschuhe hatte er nicht gedacht, als er davonlief.

Jeder schenkt jedem etwas. Und jeder bemüht sich verbissen, ja nichts Billigeres zu geben, als der andere. Alles nur Materialtausch. Und nach Weihnachten marschieren sie alle an und tauschen ihre Handschuhe, Schäle, Krawatten in den Geschäften um, weil sie ihnen gar nicht gefallen.

Nein, Dany hatte überhaupt keinen Bock, diesmal in irgendeiner Weise mitzumischen. Er war auch zu verbohrt, um Vaters Argument anzuerkennen, Schenken sei ein Akt der Freude, und es sei sicherlich besser, etwas zu kaufen, um andern eine Freude zu machen, als nur einen Geldschein unter den Weihnachtsbaum zu legen.

Der Junge registrierte nicht, wohin er stiefelte. Wohl aus purer Gewohnheit landete er in der Gasse mit seiner Stammkneipe. Das weckte in ihn das Verlangen, ein paar Kumpels zu treffen, die seinen Frust teilten. Er klopft die Schuhe ab und betrat das schummrige Lokal. Aber von seinen Freunden war keiner da. Nur ein paar Fremde, eher zwielichtige Gestalten, lungerten an den Tischen und keiner sprach ein Wort. Dany bestellte ein Spezli an der Theke, trank es ohne Glas beinahe in einem Zug. Er fühlte sich unwohl hier drinnen. Nicht wegen der Gestalten, sondern wegen der beklemmenden, peinlichen Stille.

Die sitzen also alle schön brav zu Hause und feiern Weihnachten. Alles Memmen! Alles Mitläufer! Er warf die Zeche auf den Schanktisch und stieg wieder auf die Gasse hinaus. Aus manchen Häusern drangen Stimmen von Kindern, die Weihnachtslieder sangen. Da und dort flackerten Christbaumkerzen hinter gefrorenen Fensterscheiben. Ganz in der Nähe schlug die Glocke von St. Johann. Sonst lag eine Stille über der Stadt. Eine Stille, wie es sie nur dann gibt, wenn es schneit und wenn alle Leute zu Hause sind, um Weihnachten zu feiern.

Das Geräusch, das Dany jetzt wahrnahm, passte nicht zur Stimmung. Es hörte sich an, wie ein Keuchen und Stöhnen. Der Junge blieb stehen, starrte in die Dunkelheit einer schmalen Seitengasse, in der kein Licht brannte, und sah etwas Schwarzes, das sich auf ihn zu bewegte: Die Gestalt eines Menschen, der etwas hinter sich herzog. Als sich seine Augen an die Dunkelheit gewöhnt hatten, erkannte Dany die alte Frau mit dem Karren, dessen viel zu kleine Rädchen im Schnee wie Hemmschuhe bremsten. Jetzt bog die Frau auf den beleuchteten Kirchhofplatz. Sie sah nicht gerade vornehm aus. Der schäbige, schwarze Umhang vermochte ihren gebeugten Körper nur notdürftig zu schützen. Um den Kopf hatte sie einen wollenen

Schal geschlungen, und die Füße steckten in brüchig gewordenen Gummistiefeln. Mit allen Kräften zerrte sie am Deichsel des kleinen Gefährts, auf das sie ein ganzes Fuder Bauholz geladen hatte. Dany gehörte nicht gerade zu jenen Leuten, die von sich sagen können, sie seien besonders hilfsbereit. Er lebte nach dem Motto: Jeder soll selber schauen, wie er zurechtkommt. Aber diese Frau tat ihm leid. Er ging auf sie zu und griff nach dem Deichsel. Vielleicht trieb ihn auch einfach die Langeweile oder das Adrenalin, das er instinktiv abbauen wollte. Die Frau sagte kein Wort, wehrte sich aber auch nicht gegen die Hilfe. Nur hörte sie auf zu keuchen. Sie dürften wohl zwanzig Minuten lang mit ihrer Fuhre durch die Gassen getrottet sein, als die Frau anhielt und das Schweigen brach:

Vergelt‘s Gott. Hier bin ich zu Hause.

Dany schaute sich um. Rundum dunkel. In diesen Bruchbuden am Rande der Stadt mochte doch kein Mensch wohnen. Wie ein Geisterdorf dünkte es ihn. Farblose Fassaden. Kein einziges Licht in den Fenstern, die wie leblose Augen starrten. Die Eingänge schwarz und offen wie hungrige Rachen.

Hier?

Die Alte zeigte zu einer Mansarde. Ja, dort oben in der Dachwohnung.

Und wozu all das Zeug da?

Ich heize damit. Holz, das halt auf verlassenen Baustellen so herumliegt.

Sie klemmte ein paar Bretter unter den Arm und verschwand in einem der schwarzen Löcher. Auch Dany packte eine Beige und folgte ihr. Sie stiegen über eine steile, ausgetretene Treppe. Ein feuchtmuffliger Geruch hing an den Wänden.

Warum tue ich das? der Junge wunderte sich über sich selbst.

Im Treppenhaus tönte von irgendwoher leise ein Radio. Da mussten also doch Leute wohnen. Jetzt stand das ungleiche Paar vor der Dachwohnung. Der Punk mit dem riesigen Holzbündel und die Alte mit dem bescheideneren. Sie klaubte einen Schlüssel hervor und öffnete. Drinnen warf sie die Bretter neben einen alten Eisenherd. Dann zündete sie eine Kerze an, die auf dem Tisch in einer leeren Flasche steckte.

Wirklich, nicht gerade warm bei Ihnen, machte der Bursche, legte sein Holz auf das ihrige und tastete nach dem Lichtschalter an der Türe.

Es geht nicht, seufzte die Frau und zog ihren Schal vom Kopf. Man hat mir den Strom abgestellt, weil ich ihn nicht bezahlen konnte.

Dany musterte die Alte. Wie eine Punkerin, dachte er bei sich. Zerzaustes Haar wie er, nur nicht blond, sondern schlohweiß - ausgeflippte Kleider. Nur bemerkte der Youngster einen wesentlichen Unterschied: Seine Montur hatte er im Leather-Shop gekauft und seine Friese beim Coiffeur stilgerecht aufmotzen lassen. Bei der Frau hingegen war alles echt. An ihre Haare hatte sie offensichtlich selber die Schere gesetzt, und die Kleider, die sie anhatte, schienen nicht durch chemische Verfahren künstlich gealtert. Sie trugen vielmehr die Spuren jahrelanger Entbehrungen, ja bitterer Armut. Und doch – eigenartig - Dany fand irgendwie Gefallen an der alten Frau.

Bleiben Sie da, ich hole den Rest herauf, kam er ihr zuvor, als sie Anstalten machte, hinunterzugehen.

Während er nun die übrigen Bretter die Treppe hochschleppte, spürte er eine gewisse Ruhe in sich einströmen. Sein Zorn verdunstete mit dem Schweiß. Die Frau entfachte ein Feuer im Ofen und rieb sich die kalten Hände über der Herdplatte.

Haben Sie keine Angst vor mir? fragte Dany, als er das letzte Holz neben den Herd warf und die Türe zuzog, damit nicht noch mehr Kälte in den Raum eindrang. Er löste mit seiner Aufmachung oft Angst aus. Schon öfters waren Leute, und besonders alte Leute, wieder aus einem Lift ausgestiegen, mit dem er mitfahren wollte. Auch hatte er schon erlebt - nicht ohne Genugtuung - wie Erwachsene wegen ihm die Straßenseite wechselten.

Ich habe verlernt, Angst zu haben, antwortete die Frau. Da habe ich zu viel schon durchgemacht in meinem Leben. Weist du. Ich bin zwar arm, meine Wohnung bezahlt das Sozialamt, aber ich sehe mehr in Menschen hinein, als andere. Ich habe es lernen müssen, um zu überleben. Darf ich dir für deine Hilfe etwas zu Trinken anbieten? Ich brühe mir Glühwein auf.

Dany war nicht abgeneigt. Erstens fror er ein bisschen, da tat etwas Warmes gut. Zweitens interessierte ihn die Frau, die von sich sagte, sie sehe in andere hinein, und die ihn nicht fürchtete.

Die Alte wühlte in einer Schublade, holte Zimt und andere Gewürze hervor und öffnete eine Flasche Wein. Keine teure, da kannte sich Dany von daheim her aus. Sie goss den Wein in eine Pfanne auf dem Herd. Die Kerze vermochte nun den Raum heller zur erleuchten, und der Bursche schaute sich um. Nur ein einziger Stuhl stand da und ein wackliger, abgescheuerter Tisch. Hinten ein Küchenbüffet, das einmal weiß gewesen sein musste, und auf der anderen Seite ein Bett, bei dessen bloßem Anblick Dany schon Rückenschmerzen bekam.

Haben Sie keinen Christbaum wie die andern Leute?

Darauf muss ich seit Jahren verzichten. Christbäume sind Luxus, und den Schmuck dazu vermöchte ich mir schon gar nicht zu leisten, flüsterte die Frau und rührte fester in der Pfanne, um nicht zu zeigen, wie traurig sie diese Frage stimmte. Ich habe mir zwar immer gewünscht, nochmals in meinem Leben einen Christbaum zu besitzen, es wird bei diesem Wunsch bleiben. Und überhaupt: Ich bin ja allein. Mit wem sollte ich schon Weihnachten feiern?

Ich werde Ihnen einen Christbaum holen, sagte Dany kurz entschlossen. Wenn Sie sich eine halbe Stunde gedulden.

Er wartete gar nicht ab, ob die Frau den Vorschlag annehmen würde, sondern eilte flugs die Treppe hinunter und in die Stille der Nacht hinaus. Er wusste, sein Vater machte Entschlüsse nicht rückgängig, selbst wenn er sie im Zorn gefasst hatte. Tatsächlich lag der Christbaum noch unten im Hof - schon halb zugedeckt mit Schnee. Der Junge schüttelte ihn ab und schleifte ihn auf die Straße. Mit Riesenschritten durcheilte er die Stadt. Kein Mensch begegnete ihm mit seiner Fracht, die in dieser Nacht auch nicht besonders aufgefallen wäre. Nur mit Zwängen brachte er den sperrigen Baum die schmale Treppe hinauf und durch die enge Türe der Dachwohnung.

Mein Gott, du hast doch den nicht etwa ...

Keine Angst, ich habe ihn nicht gestohlen, er gehört mir.

Dany suchte nach einer Möglichkeit, das Tännchen irgendwo festzubinden. Es gelang ihm am Bettpfosten.

Haben Sie Kerzen?

Die Frau kramte in den Schubladen und im Küchenkasten und brachte es auf ein halbes Dutzend. Alles unterschiedliche Kerzen und die meisten schon angebrannt. Dany suchte im Korridor draußen nach Draht. Irgendwo lag ein Stück Installationsdraht. Er formte Spiralen, steckte die Kerzen hinein und befestigte sie an den Ästen.

Haben Sie Haushaltfolie?

Ja, da, ein kleiner Rest.

Und eine Schere?

Der Dekorateur fühlte sich im Element. Er schnitt schmale Streifen und legte sie über die Zweige des Tannenbaums. Mit dem letzten Stück von der Rolle schnipselte er gekonnt und in Minutenschnelle ein paar Sterne und hängte sie oben an die Spitze.

Wenn Sie noch etwas Mehl hätten.

Mehl, ja, wozu?

Geben Sie's her. Und noch ein wenig Zucker hineingemischt.

Dany streute es auf die Zweige. Nun sah es aus wie glitzernder Schnee. Dann zündete er die Kerzen an und hockte im

Schneidersitz auf den Boden. Den einzigen Stuhl wollte er der Frau überlassen.

Das ist der schönste Christbaum, den ich je hatte, strahlte sie. Heute Nacht ist mein Traum Wirklichkeit geworden.

Ihre Augen glänzten und eine Träne floss ihr über die Wange. Sie trocknete sie verstohlen.

Hier, dein Glühwein, sagte sie, um sich etwas abzulenken und ihren Gefühlen nicht freien Lauf zu lassen.

Du hast Talent mein Kind. Wer hat dich das gelehrt? Sie konnte auch die zweite Träne nicht zurückhalten.

Ich lerne Dekorateur.

Du bist in der Lehre. Das finde ich gut. Junge Leute sollen etwas lernen. Ich habe das nie getan. Das heißt, ich hätte es tun können. Aber ich bin davongelaufen - davongelaufen von zu Hause.

Genau das habe ich eigentlich jetzt auch im Sinn, erinnerte sich Dany, aber er sagte es nicht, lauschte nur der Alten, die zu erzählen begann:

Ja, es war an einem Heiligen Abend, wie heute. Wir stritten uns zu Hause: Ich knallte die Türe zu und rannte weg. Ich kehrte nie zurück. Ich wollte meinem Vater beweisen: Schau, ich kann es auch ohne euch. Dann schlug ich mich recht und schlecht durch, als Serviertochter, Dienstmädchen, Putzfrau. Später tanzte ich in drittklassigen Lokalen. Ich war hübsch und wendig. Aber ich wurde älter. Falten und graue Haare kamen, früher als bei anderen, weil ich immer Sorgen hatte und mich nirgends genau festlegend konnte.

Dachten Sie nie ans Heiraten? unterbrach sie Dany und blies in die Tasse, den heißen Glühwein, zu kühlen.

Doch, ich war sogar verheiratet. Aber ich denke, so muss die Hölle sein. Mein Mann vertrank sein ganzes Geld. Dann kam er nach Hause und schlug mich. Eines Nachts stürzte er in einen Straßengraben und stand nie mehr auf. Ich blieb zurück mit seinen Schulden. Dann ging ich in die Fabrik, hasste die eintönige Arbeit, wollte mich nicht mehr unterordnen, lehnte jede Art von Autorität ab und wechselte immer wieder meine Stelle. Richtig verdient habe ich nie, aus diesem Grund auch nicht viel AHV bezahlt. Jetzt erhalte ich natürlich eine kleine Rente, und die reicht nicht weit.

Nach Hause zurückkehren wollten Sie nicht?

Anfangs hielt mich der Stolz davon ab, und später schämte ich mich. Ich hasste es, andern Menschen zur Last zu fallen. Irgendwie kam ich immer durch. Nun lebe ich eben da in dieser Behausung und warte darauf, eines Tages zu sterben. Im Alter wird einem plötzlich klar: Man hat nur ein einziges Leben - wer es nicht zu packen vermochte, kann nicht nochmals anfangen.

Auf diesen letzten Ausspruch fiel Dany nichts mehr ein. Mehrmals wiederkäute er den Satz ganz langsam in seinen Gedanken. Der Lehrmeister hatte recht: die Lehre schnurzte ihn tatsächlich an. Schon öfters wollte er den Bettel einfach hinschmeißen. Irgendwo hinausfahren in die freie Welt, Abenteuer zu suchen. Weit weg von dieser bürgerlichen spießigen Gesellschaft, weg von seinem strebsamen Vater. Nur reine Bequemlichkeit hatte ihn noch immer zurückgehalten.

Die Kerzen am Christbaum in der maroden Mansarde am Rande der Stadt waren eine nach der anderen abgebrannt. Dany hatte sich von der alten Frau verabschiedet, aus deren Leben er an diesem Abend so viel erfahren hatte, ohne über sich selber zu berichten. Aber es war, als hätte diese Frau sein Leben erzählt. Besaß sie am Ende doch die Gabe, mehr als andere in Menschen hineinzusehen? Eine Frau, mit der er, ohne es zu wollen, auf seltsame Weise Weihnachten gefeiert hatte, aber deren Namen er nicht kannte - nach dem er auch gar nicht gefragt hatte. Es schneite nicht mehr. Die Nacht ging auf ihre Mitte zu, und auf den vorher leeren Straßen regte sich jetzt Leben. Von überall her strömten Leute zur Christmette. Leute, die ihre Weihnachten im trauten Familienkreis gefeiert und sich gegenseitig beschenkt hatten. Zufrieden die einen, enttäuscht die andern, weil die Geschenke nicht ihren Wünschen entsprachen. Aber sobald die Läden wieder offen sein würden, könnten sie ihre Krawatten und Pelzkappen ja umtauschen. Dany steuerte nach Hause. Von der nahen Kirche hörte er die Leute singen: Holder Knabe im lockigen Haar. Damit war ganz klar nicht er gemeint. Seine Eltern würden auch mitsingen dort. Das wusste er, und er wusste auch, spätestens morgen würde es nochmals ein Zeter und Mordio absetzen, wegen der verpatzten Weihnachtsfeier.

Das nehme ich in Kauf, dachte der Junge und bog in den Hinterhof seines Wohnblocks ein.

Die alte Frau hat er nie mehr gesehen. Und als der Schnee schmolz, rollten Bulldozer an und räumten das Abbruchviertel weg. Aber er erinnerte sich immer wieder, wenn Heiligabend war, an die Frau, die seine Geschichte erzählt hatte.

Ich habe das Christkind gefunden

Der Urgroßvater hielt an, um zu verschnaufen. Ach Gott, dachte er, die Stufen dieser Treppe bin ich schon leichter hinaufgestiegen. Auch das Kind an seiner Hand war froh über die Pause, denn für das Vierjährige waren die Stufen hoch, und es gab an dieser Treppe, die da zum Mönchsberg hinaufführte, fürwahr viele, viele Stufen. Sie blickten auf die winterliche Stadt zu ihren Füssen. Gleich unter ihnen schlummerte die Universität, wohlbehütet von der Kollegienkirche mit ihren skurrilen, haubenlosen Barocktürmen. Östlicherseits, vom gotischen Minarett der Franziskaner leicht verdeckt, regierte der Dom, und nahe den schroffen Felsen behaupteten sich Kuppel und Zwiebel von St. Peter. Über allem thronte die Festung, die einstige Zufluchtsstätte für die Fürsterzbischöfe.

In den engen, verwinkelten Gassen mit den malerischen Torbogen und Passagen herrschte emsiges Treiben. Überall bewegten sich Menschen, die meisten hektisch, denn es war Heiliger Abend, und alle mussten noch dies und jenes besorgen. Nur die Sandler trieb keine Eile. Sie palaverten an den Straßenecken scheinbar gleichgültig und ohne sich am Betrieb zu beteiligen, aber sobald jemand in ihre Nähe geriet, machten sie sich an ihn heran, überhöflich grüßend und untertänig bettelnd, denn die bevorstehende Christnacht sollte lang und kalt werden, und da musste doch - nur zum Aufwärmen selbstverständlich - für einen Schnaps oder auch für zwei vorgesorgt werden.

Viele Leute indessen genossen die warmen Stuben zu Hause und rüsteten die Christbäume, so auch die Mutter und der Vater des kleinen Mädchens. Der Urgroßvater, zum Fest vom Altersheim geholt, hatte hingegen die Aufgabe, mit dem Kind ein wenig durch die winterliche Stadt zu spazieren, bis alles bereit war. Ihm oblag noch ein anderer, wichtiger Auftrag:

Opa, wooo ist jetzt nun das Chriiiistkind?

Der Urgroßvater musste mit dem Mädchen nämlich das Christkind suchen. Darum hatte es gebettelt, und er hatte es ihm versprochen, und so setzten sich die Zwei wieder in Bewegung, den Rest der Stufen auf den Berg zu bewältigen.

Ja, ja, das Christkind, es ist schwierig, das Christkind zu finden, seufzte der Urgroßvater, ich musste es schon so oft in meinem Leben suchen - ist gar nicht leicht, gar nicht leicht, aber immer wollen die Kinder das Christkind suchen.

Das Mädchen zottelte erwartungsvoll neben dem Urgroßvater her. Sie hatten jetzt das Plateau erreicht, und der Weg führte leicht geschwungen durch ein mit Kristall und Eis überzuckertes Hölzchen. Die schmiedeeisernen Laternen brannten bereits, obwohl es noch ordentlich hell war. Aber an diesem Tag sollte es bald eindunkeln.

Der Urgroßvater zeigt hinüber an den Horizont im Nordwesten, wo eine klein erscheinende, doppeltürmige Kirche als heller Fleck gerade noch sichtbar im Dunst lag.

Dort, sagte er, habe ich mit deinem Großvater, als er noch klein war, das Christkind gesucht. Dort hinaus ziehen immer ganze Scharen von Menschen. Es gibt dort ein Bild vom Jesuskind und seiner Mutter. Beide tragen Kronen, die sie vor mehr als zweihundert Jahren erhielten. Damals komponierte ein junger Musikus aus der Stadt eine Krönungsmesse, die heute noch ganz berühmt ist.

Und, habt ihr das Christkind gefunden?

Leider ist etwas dazwischengekommen. Wir waren gerade angelangt, als uns eine ehemalige Kollegin von der Volksschule, an der ich damals unterrichtete, nacheilte und uns bat, ihr zu helfen.

Es waren damals nämlich viele Menschen, ja ganze Familien mit Kindern aus Ungarn herübergeflüchtet, denn sie waren von den Russen unterdrückt worden und hatten einen Aufstand gemacht, der blutig niedergeschlagen wurde. So kamen sie auch zu uns, ohne ein Dach über dem Kopf und ohne Geld, und die Lehrerin flehte uns an, doch mitzuwirken, den Kindern dieser Familien, denen man in aller Eile eine Wohnung eingerichtet hatte, wenigstens am Heiligen Abend zu einem Christbaum zu verhelfen, damit auch sie Weihnachten feiern könnten, wie es sich für Kinder doch so gehörte. Die Lehrerin arbeitete dort draußen in einer kleinen Schule und hatte ihre Klasse zusammengetrommelt, und so halfen wir denn mit, kauften Christbäume und stellten sie auf, bastelten im Schulzimmer Strohsterne und Christbaumschmuck aus Goldpapier, während die Mütter Gebäck zu kleinen Geschenklein zusammenpackten. Kaum waren wir fertig, standen auch schon die Flüchtlingsfamilien da, und die Kerzen strahlten in den Kinderaugen. Ich werde nie vergessen, wie sich diese Kinder gefreut haben.

Und das Christkind?

Nun, die Suche nach ihm hatten wir ja abgebrochen, und nachher war es dann zu spät.

Der Weg neigte sich. Durch die Bäume lugte eine mittelalterliche Mauer mit gezackter Brustwehr und einem massiven, rechteckigen Turm. Das Bürgerwehr sah aus diesem Winkel aus wie ein Königsschloss. Einen Moment lang stapften die beiden stumm nebeneinander durch den Schnee, der Urgroßvater nachdenklich, das Kind aufmerksam. Vielleicht, dachte es, wohnt das Christkind in diesem Schloss.

Aber sie kamen nicht soweit. Dort, wo der Weg ganz nahe an den jäh abfallenden Felsen vorbeiführte, tappelte ihnen verloren ein kleiner Junge entgegen, eine wollene Zipfelmütze schief auf dem Kopf, das eine Hosenbein im Stiefelchen und das andere außerhalb und guckte die beiden mit großen Augen und offenem Mund ängstlich an. Und außerhalb des Geländers, nur einen Schritt vom Abgrund entfernt, stand eine Frau und blickte in die Tiefe. Noch hielt sie sich mit den Händen am

Balken fest. Der Urgroßvater trat vorsichtig ans Geländer, die Frau rührte sich nicht. Ihr Blick war starr, traurig, tot. Der Urgroßvater musterte den Jungen und dann die Frau und wieder den Jungen und erkannte in den Gesichtszügen des Kindes die Mutter.

Angela, sagte er und bemerkte ein leichtes Zittern am Körper der Frau. Sie hatte ihren Namen gehört und auch die Stimme erkannt, aber sie drehte sich nicht um. Sie war einst eine seiner Schülerinnen gewesen. Dann hatten sie sich aus den Augen verloren. Das musste wohl mehr als zwanzig Jahre her sein.

Angela, machte er nochmals und ging näher an sie heran, ich freue mich, Sie wiederzusehen. Kennen Sie mich denn nicht mehr?

Lassen Sie mich bitte in Ruhe.

Es geht Ihnen schlecht, nicht wahr?

Schweigen.

Schauen Sie nicht da hinunter. Machen Sie keine Dummheiten. Kommen Sie hinter das Geländer zurück. Schauen Sie lieber ihren Jungen an.

Wie soll ich ihn anschauen, wenn ich ihn nicht ernähren kann?

Sie sind ohne Arbeit?

Ja.

Seit länger oder ganz frisch?

Sie haben mir im August schon gekündigt. Sie haben die Firma verkauft.

Und da war kein Platz mehr für Sie?

Sie nickte und wischte sich Tränen aus den Augen. Dann lehnte sie sich doch wenigstens mit dem Rücken ans Geländer.

Jetzt ist alles aus. Ich habe so lange gesucht und keine neue Stelle gefunden. Es sind einfach keine Stellen frei, und wenn es eine gibt, kommen zwanzig und wollen sie. Jetzt stehe ich auf der Straße. Das hat doch alles keinen Sinn.

Der Urgroßvater war betroffen. Er ging ganz nahe an die Frau heran und berührte vorsichtig ihren Arm. Sie ließ es geschehen.

Tun Sie's nicht, sagte er und schaute mit ihr zusammen zur Pferdeschwemme, die weit unter ihnen neben dem Festspielhaus im Winterschlaf lag. Gleich daneben kamen wie Spielzeuge Autos aus dem Tunnel oder fuhren in ihn hinein, und die Menschen hasteten noch immer. Sie wussten nichts von dem Kampf, den da oben eine junge Mutter mit sich führte.

Er fasste den Buben am Arm und schob ihn ganz nahe zu seiner Mutter hin. Was soll aus ihm werden? Er braucht doch seine Mami. Soll er einmal sagen, ich habe keine Mama, sie hat mich ganz allein gelassen, draußen in einer kalten Winternacht, damals an jenem Heiligen Abend.

Sie schluchzte.

Was sind sie von Beruf?

Habe in einem Büro gearbeitet.

Und wenn ich Ihnen hülfe.

Wer kann mir schon helfen?

Sagen sie das nicht Angela, ich kenne viele einflussreiche Leute und auch eine ganze Reihe Unternehmer. Mir fallen sogar ein, zwei Namen ein, die ich für sie angehen könnte.

Ich hab's ja auch versucht.

Ich versuchte es für sie nochmals, wenn sie mir dafür versprechen, hinter dieses Geländer zu kommen und mit ihrem Jungen nach Hause zu gehen. Bitte warten sie dort, bis ich Ihnen Bescheid gebe. Aber warten sie bitte wirklich, eine gewisse Zeit brauche ich trotz allem. Ich ziehe sofort los, um es für Sie zu versuchen.

Es gelang dem Urgroßvater tatsächlich, die junge Frau zu beruhigen. Sie stieg mit seiner Hilfe über das Geländer zurück auf den Weg, nahm ihren Buben bei der Hand und trat mit ihm den Heimweg an, mit hängendem Kopf und schlaffen Schultern zwar, aber doch mit einem kleinen Funken neuer Hoffnung.

Der Urgroßvater hatte noch Adresse und Telefonnummer notiert und kehrte um. Das kleine Mädchen verstand nicht, was da soeben geschehen war und warum der Urgroßvater so plötzlich und zielbewusst wieder auf die Stadt zusteuerte.

Wir werden die Suche nach dem Christkind kurz unterbrechen. Wir werden dafür jemand anderen aufsuchen, einen Mann, mit dem ich unbedingt sprechen muss, sagte er entschuldigend und schwieg ein Weilchen, ehe er fortfuhr:

Genau so war es damals, als dein Vater noch klein war. Da waren wir auch unterwegs, um das Christkind zu suchen. Er konnte überhaupt nicht verstehen, warum ich mich plötzlich um den jungen Punk mit den grünen Haaren kümmerte, den wir betrunken bei den Katakomben von St. Peter gefunden hatten.

Das Mädchen wusste nicht, was ein Punk war, noch was eine Katakombe sein sollte, es hörte den Urgroßvater einfach weitererzählen:

Ich habe ihn gekannt und auch seine Eltern. Sie waren eine ganz normale Familie. Dann, eines Tages hat er die Haare grün und rot gefärbt, seine Kleider zerrissen, Sicherheitsnadeln durch die Ohren gestoßen und solch dummes Zeug gemacht. Es ist damals gerade diese Mode unter den Jugendlichen aufgekommen. Sie haben gesagt, sie hätten keine Zukunft und sie hätten auch null Bock auf irgendetwas. Er hat auch mit der Polizei zu tun gehabt, und als ihn der Vater aus dem Haus geworfen hat, ist er mit anderen Punks in anderen Städten herumgezogen, hat von Betteln und Klauen gelebt und hat irgendwo in Passagen, Parks und Toiletten geschlafen - pass auf, mein Kleines, da liegt Glatteis.

Der Urgroßvater hielt das Mädchen fester an der Hand und sich selber an dem Eisengeländer, das hier, wo der Weg steil nach unten führte, entlang einer Mauer angebracht worden war.

Als es dann gegen Weihnachten ging, trieb es ihn nach Hause. Er war ja noch ein halbes Kind. Mehrmals wagte er sich bis an die Haustüre seiner Eltern, aber er hatte nicht den Mut zu läuten. So zog er mit den Sandlern in der Stadt herum. Am Heiligen Abend schließlich übermannte ihn das Heimweh, er betrank sich, und so fanden wir ihn am Eingang zu den alten Gräbern hinten in der Felswand bei St. Peter.

Ist er gestorben?

Zum Glück nicht. Zuerst nahm ich ihn mit zu uns nach Hause. Der Urgroßvater lachte: Omi hatte gar keine Freude, als ich den zerlumpten, stinkenden und rülpsenden Kerl mitbrachte, aber dann hatte sie doch Mitleid mit ihm, fütterte ihn und ließ ihm ein Bad einlaufen, während ich zu seinen Eltern fuhr und mit ihnen zwei ganze Stunden lang redete - was heißt, redete? - Wir stritten richtiggehend, bis sie endlich einwilligten und er nach Hause kommen und mit ihnen Weihnachten feiern durfte.

Mittlerweile waren der Urgroßvater und das Kind unten in der Stadt angelangt. Durch die enge Getreidegasse wälzte sich eine Menschenmasse. Die beiden bemühten sich, zwischen den Leuten durchzukommen. Auf der Staatsbrücke blies ein eisiger Wind. Am Makartplatz betraten sie ein Haus.

Obwohl der Urgroßvater ein bekannter und angesehener Mann war, musste er noch drei weitere Adressen ansteuern, bis er mit seinem Anliegen überhaupt Gehör fand. Offene Stellen für Bürokräfte waren zu der Zeit rar, und am Heiligen Abend hatten die Geschäftsinhaber erst recht kaum Zeit für ein Anstellungsgespräch. Aber es musste an diesem Tag noch geschehen, bevor die Frau erneut in Gefahr geraten konnte.

Doch dann hatte der Urgroßvater Erfolg. Er habe zwar nicht direkt eine Stelle offen, sagte der Geschäftsmann, ein ehemaliger Schüler von ihm. Erst im Frühling werde eine frei, aber er könnte ja trotzdem die neue Kraft schon einmal einstellen, um sie einzuarbeiten. Zwar wolle er dann noch Näheres wissen und die Frau solle den Antrittsbesuch nach den Festtagen schon noch nachholen, da aber er, der ehemalige Lehrer, bestätige, dass sie eine gute Schülerin gewesen sei und auch immer anständig, und da er durchaus Vertrauen in ihn habe, verspreche er ihr diesen Job heute schon, und er dürfe ihr ruhig anrufen und ihr das sagen, damit sie mit ihrem Jungen wenigstens in Ruhe Weihnachten feiern könne, und da sei ein Telefon, er solle das gerade von hier aus erledigen.

Als der Urgroßvater mit dem Mädchen auf die Straße trat, war es dunkel geworden. Das Treiben in den Gassen hatte nachgelassen, die Menschen waren nach Hause gegangen, Weihnachten zu feiern. Leise und sanft hatte es zu schneien begonnen. Die Kinderbeine waren müde. So hob der Urgroßvater das Mädchen auf seine Achseln, hielt es an den Stiefelchen fest und trabte zurück in die Altstadt. Er hätte vor Glück ein Lied pfeifen können. Aber es plagte ihn auch das schlechte Gewissen. Einmal mehr hatte er sein Versprechen einem Kind gegenüber, mit ihm das Christkind zu suchen und es auch zu finden, nicht eingelöst.

Weißt du was, sagte er, zur kleinen Reiterin emporschauend, wir gehen doch schnell zu den Franziskanern hinüber, gewiss haben sie die Krippe für die Christmette schon aufgebaut, und dann darfst du wenigstens das Christkind in der Krippe schauen. Dann aber husch husch nach Hause, Papi und Mami werden sonst ungeduldig.

Das Mädchen war einverstanden, denn nach dem unerwartet langen Spaziergang, den sonderbaren Ereignissen und dem, was der Urgroßvater da alles erzählt hatte, war ihm die Lust, noch lange nach dem Christkind zu suchen - mindestens für dieses Jahr - vergangen.

Weißt du, tröstete der Urgroßvater, auch ich wollte immer das Christkind sehen, als ich so klein war wie du, aber wir haben es halt auch damals nie gefunden.

Bei den Franziskanern brannten Kerzen im hohen gotischen Chor. Sie waren die einzigen Menschen in diesem stillen Kirchenraum. Der Urgroßvater trug das Mädchen geradezu andächtig und feierlich zur Krippe hin. Es jauchzte auf, als es das Jesuskind im Stroh liegen sah, daneben Maria und Josef stehend, der Ochse und der Esel und die Hirten mit den Schafen auf dem Feld und oben der Engel mit der Freudenbotschaft. Der Urgroßvater hob das Kind von seinen Schultern und stellte es ganz nahe an diese Szene weihnachtlichen Geschehens heran. Während es mit leuchtenden Augen bei der Krippe verharrte, setzte er sich in eine Kirchenbank und schloss die Augen. Er war müde. Als er die Augen für einen kurzen Moment wieder öffnete und zur Krippe hinüberschaute, glaubte er unvermittelt, sich an das Gesicht des Jesuskindes zu erinnern. Irgendwie schienen ihm die Gesichtszüge ganz vertraut.

Ach was, dachte er, Kinder sehen immer alle gleich aus.

Doch nein, dieses Gesicht war ihm in seinem Leben irgendwann und irgendwo schon einmal begegnet, es war wie eingebrannt in seinem Gedächtnis. Lange sann er nach. Und als er wieder die Augen schloss, sah er eine Begegnung aus seiner eigenen Kindheit: Er erinnerte sich, wie er als etwa Fünf- oder Sechsjähriger zur Weihnachtszeit mit seinem Zipfeljoggel im Arm - einer gestrickten und mit Stroh ausgestopften Puppe, wie sie kleine Buben damals hatten - auf der Straße Menschen sah, zusammengetrieben wie eine Vieherde, begleitet von Männern in Uniformen und mit Gewehren. Diese Menschen hatten große, gelbe Sterne an ihre Mäntel geheftet und trugen Koffern in den Händen und ihre Gesichter waren traurig.

Und er erinnerte sich an das kleine Mädchen mit den Zöpfen, das in Wollstrümpfen und einem roten Mäntelchen am Rande der Gruppe mitgeführt wurde. Es hatte weit aufgerissene Augen, und die Angst vor irgendetwas Ungewissem stand ihm ins Gesicht geschrieben. Und dann begegneten sich ihre Blicke, und er, der kleine Junge, bemerkte, dass hier etwas Entsetzliches vorging, und er bekam Mitleid, eilte auf die Straße hinaus und drückte dem fremden Mädchen seinen doch so geliebten Zipfeljoggel in die Hand. Er erinnerte sich, wie er sofort unsanft weggerissen und angeschrien wurde, ob er eigentlich verrückt geworden sei, wie es einen Aufruhr unten den Zuschauern gab, während sich die Menschen mit den Koffern und dem Mädchen entfernten, wie er nicht im Geringsten verstand, warum er jetzt, wo er etwas Gutes getan hatte, gescholten wurde, und er erinnerte sich, wie man ihn und seinen Vater nur deshalb bald wieder laufen ließ, weil der Vater einen Polizisten gut kannte.

Ja ja, der Urgroßvater nickte und schaute zum Christkind in der Krippe hinüber. Auch damals war Heiliger Abend, und ich selber war mit meinem Vater auf der Suche nach dem Christkind, als diese armen Menschen unseren Weg kreuzten.

Und jetzt sah er es ganz deutlich: Das Christkind in der Kippe glich jenem traurigen Judenmädchen, dem er den Zipfeljoggel geschenkt hatte, aufs Haar. Er schloss wieder die Augen, und sonderbar, jetzt sah er den grünhaarigen Punk, den er damals in der Katakombe aufgelesen hatte, und auch der wies dieselben Gesichtszüge auf. Doch, doch, es stimmte: Auch dieser verwahrloste Junge hatte dieselben Augen, dieselbe Nase, denselben Mund und dieselben Ohren, wie das Christkind, schmutzig zwar und durch die Sicherheitsnadeln und die Pickel zwischen dem sprießenden Bartflaum entstellt, auch älter und größer, aber unverkennbar. Und der Urgroßvater erinnerte sich wieder an die Flüchtlingskinder aus Ungarn und, tatsächlich, er konnte jetzt solange auf das Christereignis schauen, wie er wollte, auch diese Kinder hatten alle genau so ausgeschaut, wie das Kind in der Krippe. Er schüttelte den Kopf, um sich zu vergewissern, ob er auch tatsächlich wach sei.

Da fiel es ihm plötzlich wie Schuppen von den Augen: Es waren gar nicht die Kinder, die dem Christkind in der Krippe glichen. Nein, das Christkind vielmehr veränderte jedes Mal sein Aussehen - immer, wenn er an eines der Kinder dachte. Ja, genau, jetzt sah es aus, wie der Junge von Angela, den er eben gerade davor bewahrt hatte, ganz allein auf der Welt zurückzubleiben und der jetzt mit seiner Mutter gewiss im Begriff war, Weihnachten zu feiern. Und vor den Augen des Urgroßvaters lief so etwas wie ein Lebensfilm ab, und er sah lauter Kinder, die in seinem Leben irgendeine Rolle gespielt hatten. Zuerst die Schüler, deren Lehrer er gewesen, mit denen er sich gefreut und an denen er sich auch geärgert hatte und die er alle beim Namen genannt hatte. Dann die endlose Schar von unbekannten Kindern, denen er auf seinen Reisen durch die Welt begegnet war, weiße, schwarze, braune, gelbe, blonde, rothaarige und dunkelhaarige, Buben und Mädchen, große und kleine, und so oft er aufschaute, hatte das Christkind in der Krippe die unverkennbar gleichen Gesichtszüge angenommen, und jetzt, wo er es bemerkte, lächelte es sogar in seinem armseligen Lager aus Stroh. Und ganz zuletzt erkannte er gar sein Urenkelkind in ihm, und das Mädchen lächelte ihn ebenfalls an.

Komm, sagte er glücklich, komm mein Kind, wir gehen nach Hause. Ich habe das Christkind gefunden.

Das Mädchen lächelte noch immer, als es der Urgroßvater auf seine Schultern hob und jetzt tatsächlich ein Lied pfeifend durch die weihnachtlich beleuchteten Straßen trug. Andere Menschen, die ebenfalls noch unterwegs waren, blieben stehen und drehten sich nach dem fröhlichen Gespann um und lächelten ebenfalls. Und als eine Frau wissen wollte, ob etwa das Christkind schon vorbeigekommen sei, da sagte er, ohne auch nur einen Moment zu zögern: Ja.

Und fast beschämt fügte er ganz leise hinzu: Mein ganzes Leben habe ich nach dem Christkind gesucht und ich hätte es längst finden können, wenn ich auch nur ein einziges Mal hingeschaut hätte.

Kein Stern ging auf am Himmel

Geht diese Straße lang. Nach der Kuppe führt sie durch ein kurzes Waldstück - in zwanzig Minuten seid ihr im Dorf. Ich muss weiter, bin in Eile, wünsche schöne Weihnachten. Der Autofahrer kurbelte das Fenster hoch.

Frohe Weihnachten, rief ihm das jugendliche Paar nach, und vielen Dank fürs Mitnehmen.

Patrick und Yolanda standen noch einen Moment an der einsamen Abzweigung und schauten dem kleiner werdenden Auto nach. Bis hierher hatten sie Glück gehabt. Immer konnten sie bei jemandem aufsitzen. Das letzte Wegstück nun führte durch eine abgelegene Gegend. Die Hauptstraße zum Dorf lag auf der andern Seite. Kein Haus weit und breit. Über den Feldern, Wiesen und Bäumen lag eine zarte Schneedecke. Der Himmel verbarg sich hinter sanften Schleiern. Es war am Nachmittag des Heiligen Abend, und es sollte früh eindunkeln. Eng umschlungen machten sich Patrick und Yolanda auf den Weg.

Wenn uns dein Vater nicht will, was dann? sagte das Mädchen, nachdem sie bereits eine Strecke zurückgelegt hatten. Sie fror. War auch kein Wunder: Die leichten Stiefelchen gaben nicht besonders warm und der schluttige Rock, der ihr um die Beine flatterte, schon gar nicht. Wohl trug sie einen Mantel, aber der war aus billigem Polyamid und hatte außerdem schon bessere Tage gesehen.

Er wird uns aufnehmen, beruhigte Patrick und drückte seine Freundin näher an sich heran, er kann doch seinen Sohn nicht einfach auf der Straße stehen lassen.

Auch das, was der Junge auf sich trug, war nicht für eine längere Expedition in den Winter geschaffen. Zwar gaben die Bluejeans wärmer als Yolandas Rock, aber sie waren eng und an manchen Stellen fast durchgewetzt. Die Lederjacke hatte wenigstens einen Reißverschluss bis ganz nach oben, aber die ausgelatschten Turnschuhe passten ganz und gar nicht auf diese überfrorene Landstraße.

Dein Vater hat sich bis heute nicht groß um dich gekümmert. Hat er dich irgendwann besucht?

Früher schon. Da war ich allerdings erst fünf. Als meine Mutter auf Nimmerwiedersehen verduftete und sie mich in das Heim steckten, kam er manchmal vorbei. Einmal holte er mich sogar in die Ferien.

Das mit den Ferien hatte aber bald aufgehört, und Besuche von daheim bekam Patrick immer seltener, bis sie eines Tages ganz ausblieben. Jetzt war er achtzehn. Ein Jahr älter als Yolanda. Kennengelernt hatten sie sich in einem Unterschlupf für jugendliche Obdachlose. Seither lebten sie zusammen, so gut das ging, denn eine Wohnung, die sie bezahlen konnten, hatten sie bis heute nicht gefunden. Die paar Franken, die sie bei gelegentlichen Aushilfsjobs verdienten, reichten schon jetzt zu nichts und Yolanda würde in kurzer Zeit nicht einmal mehr mitverdienen können. Wortlos trotteten die beiden weiter. Ihr Atem dampfte. Patrick drängte, obwohl Yolanda schnell ermüdete. Aber er wollte unbedingt vor Einbrechen der Dunkelheit im Dorf sein.

Die Leute im Dorf werden uns nicht mögen, brach das Mädchen nach einer Weile die Stille, hier auf dem Land gelten doch andere Regeln als in der Großstadt.

Ach mach dir keine Sorgen. Schließlich bin ich hier geboren.

Aber ich bin Albanerin, nicht alle Leute hierzulande mögen Ausländer.

Nein, du machst dir umsonst Sorgen. Halt lieber Schritt. Wir verlangsamen.

Der Autofahrer hatte recht. Nach der Kuppe und dem kurzen Waldstück lag das Dorf zu ihren Füssen. Patrick atmete schwer. Seit so vielen Jahren war er nicht mehr hier gewesen.

Ein paar kurze Bilder von Kindheitserinnerungen tauchten auf: das kleine Häuschen im Hinterdorf, die Kiesgrube mit den Rollwagen - ob's die noch gibt? - das eine Jahr im Kindergarten und dann die Trennung der Eltern. Sie schritten zügig auf das verschneite Dorf zu. Hier schien die Welt noch in Ordnung zu sein. Hier war der Gemeindepräsident noch Herr im Dorf und der Pfarrer ein weiser und gelehrter Mann. Hier pflegte man noch den Gruß über den Gartenhaag, und Konflikte wurden meist nach Feierabend in den Wirtsstuben auf direktem Weg bereinigt.

Das Dorf zeigte sich auffallend sauber. Vor jeder Haustüre war für Weihnachten gekehrt worden. Auf dem Dorfplatz ragte ein gewaltiger Christbaum zum Himmel, besetzt mit Dutzenden von elektrischen Kerzen. Einmal schlug ein Hund an, und da und dort hörten die beiden eine Kuh im Stall muhen. Nur Leute gab's keine auf den Gassen. Die saßen wohl in ihren Stuben und bereiteten sich auf den Heiligen Abend vor.

Das kleine Häuschen im Hinterdorf sah noch genau gleich aus, wie es Patrick in Erinnerung hatte. Nur auf dem Briefkasten stand ein fremder Name. Trotzdem drückte der Junge auf die Klingel.

Nein, der wohnt nicht mehr hier - schon lange nicht mehr, sagte die Frau, als sie die Türe einen Spalt geöffnet hatte. Er ist jetzt auf der andern Seite des Dorfes, hat sich ein neues Haus gebaut.

Die Frau beeilte sich, die Türe wieder von innen zu verriegeln, denn das junge Paar und vor allem der Bursche mit der schäbigen Lederjacke und den schulterlangen Haaren war ihr nicht geheuer. Man liest und hört ja so viel ...

Patricks Vater hatte sich tatsächlich ein stattliches Haus errichten lassen, mit ausgedehntem Garten und geschweiftem Zufahrtsweg. Mensch, wenn ich da leben könnte, ging es dem Jungen eine Sekunde lang durch den Kopf. Aber nur eine Sekunde. Er sagte es auch nicht laut, um ja keine Hoffnungen bei seiner Freundin zu wecken. In Wirklichkeit zweifelte er genau wie sie, ob ihn sein Vater mit Freude empfangen würde. Er glaubte auch nicht, hier für längere Zeit bleiben zu dürfen. Nur ein paar Tage wollten sie weilen und vor allem heute Abend wieder einmal richtig Weihnachten feiern - wie früher. Nicht einfach irgendwo in einem Wartsaal oder in einer Obdachlosenkneipe, sondern daheim in der guten Stube, mit einem Christbaum und vielen brennenden Kerzen.

Eine gepflegte Dame kam an die Türe. Sie hielt die beiden wohl für Hausierer oder Bettler, denn sie öffnete nur den kleinen Fensterflügel und machte: Ja?

Was wollt ihr von ihm? knurrte sie misstrauisch, als der Bursche nach dem Hausherrn fragte.

Er ist mein Vater.

Der Dame verschlug es einen Moment lang die Sprache.

Ach ..., dann bist du wohl dieser Patrick ...? Mal sehen, ob er da ist.

Dieser Patrick, zischte der Junge, das klingt ja vielversprechend. Und er ärgerte sich, weil sie weiterhin vor der Türe warten mussten. Patricks Vater war ein großer, gut gekleideter Herr in den mittleren Jahren mit leicht ergrauten Schläfen. Einen Moment sahen sich Vater und Sohn wortlos an, dann schritt der Vater auf Patrick zu und reichte ihm die Hand:

Welche Überraschung. Mit dir habe ich natürlich nicht gerechnet. Was führt euch hierher?

Wir wollten nur ...

Ach, steht nicht da draußen, kommt rein, legt euch ab ... Es ist lange her, seit wir uns das letzte Mal sahen.

Ja, lange.

Kommt in die Stube.

Als Yolanda ihren Mantel abgelegt hatte, konnte man es deutlich sehen. Der Vater zog die Augenbrauen hoch, als er sich hinsetzte:

Ist das Kind von dir?

Ja.

Bist du da sicher?

Wir leben seit einem Jahr zusammen und sind uns treu, wenn es das ist, was du meinst.

Einen Moment lang schwebte Spannung und beklemmende Stille im Raum. Der Vater freute sich tatsächlich nicht besonders über den überraschenden Besuch, aber er wollte das jetzt auf keinen Fall zeigen. Schon gar nicht sollte es gleich zu Beginn zum Streit kommen.

Möchtet ihr etwas trinken? lenkte er schließlich ab, wartete aber gar nicht auf eine Antwort, ging zum Büfett, holte eine Flasche und drei Gläser.

Tja, wie geht's dir, was tust du die ganze Zeit?

Oh, es ist O. k. Ich habe einen guten Job, und wir leben recht.

Patrick log. Hier lag Zündstoff. Gerade deshalb war es ja damals, als er das Heim verlassen konnte und eine Lehre antreten sollte, zwischen den beiden zum großen Streit gekommen. Er sei allein für seine Zukunft verantwortlich, hatte er damals großspurig erklärt, er brauche die Unterstützung des Vaters nicht.

Die Frau von vorhin hatte sich bis jetzt nicht blicken lassen. Nun streckte sie den Kopf in die Stube und bat den Vater, ohne die Jungen eines Blickes zu würdigen, ihr bei einem Problem in der Küche zu helfen. Sie muss seine neue Lebensgefährtin sein, dachte Patrick, als der Vater hinausging, vielleicht hat er sie auch geheiratet.

Die wollen doch nicht etwa dableiben, sagte die Frau, die tatsächlich mit Patricks Vater verheiratet war, zu ihrem Mann in der Küche.

Bis jetzt fragten sie nicht darnach. Aber ich nehme an, sie beabsichtigen das schon.

Das geht auf keinen Fall, protestierte die Frau und rührte in einer Pfanne, obwohl es da gar nichts zu rühren gab. Du weißt, in zwei Stunden kommen die Gäste. Du willst doch nicht etwa diesen verlausten Kerl als deinen Sohn vorstellen?

Er ist es aber.

Und das Ding, das er da mitschleppt? Sieh dir einmal deren Gesicht an, aufgedunsen, wässrige Augen. Der sieht man ja die Fixerin von hundert Metern an.

Ich weiß nicht, ob sie Drogen nimmt, ich weiß nur, dass sie ein Kind erwartet.

Die Frau hörte ruckartig auf, in der Pfanne zu rühren: Gott im Himmel. Wie willst du das den Leuten erklären. Sie bekommt ein uneheliches Kind, und er bringt's zu nichts. Bitte sorge für einen Heiligen Abend, wie er sich für ein gutes Haus gehört.

Du hättest anrufen sollen, rügte der Vater, als er wieder in die Stube zurückkam. Er war im Zwiespalt. Einerseits wollte er selber das junge Paar für die Weihnachtsfeier nicht hier haben, anderseits tat ihm besonders das Mädchen leid.

Ich hatte kein Münz, als wir aufbrachen.

In Tat und Wahrheit hatte Patrick gar nicht anrufen wollen, weil er genau gewusst hatte, dann wäre aus seinem Besuch unter irgendeinem Vorwand überhaupt nichts geworden. Jetzt gab sich der Junge aber einen inneren Stoß, um endlich sein Anliegen vorzubringen, nur just in dem Moment kam ihm der Vater zuvor:

Ihr müsst langsam austrinken. Bald kommen die Leute. Das Haus ist heute Abend voller Gäste. Ich hätte euch gerne eingeladen, aber wir haben nicht genug eingekauft.

Die Kinder wurden blass. Wo können wir schlafen? Draußen ist Winter.

Geht zum Wirt im 'Sternen', der vermietet ein paar Zimmer. Sagt ihm, er soll die Rechnung mir schicken. Kommt dann morgen ... nein morgen, geht das nicht, da schlafen wir aus ... kommt übermorgen zum Frühstück, dann werden wir Zeit haben, uns mehr zu unterhalten.

Patrick verstand. Hier wollte man sie nicht. Das mit dem Einkaufen war eine plumpe Ausrede und die Einladung zum Frühstück übermorgen die mieseste Peinlichkeit, die Vater passieren konnte. Der Junge war entschlossen, im Sternen zu übernachten, denn in dieser Nacht noch wegzugehen getraute er sich mit der schwangeren Freundin nicht. Aber morgen wollte er zurück in die Großstadt, wo sie keine Bleibe hatten, zurück auf die Gasse.

Ohne das Glas leer zu trinken, standen die jungen Leute auf und gingen in die Nacht hinaus, wo es mittlerweile heftig schneite. Patrick nahm Yolanda in die Arme und drückte sie fest an sich. Er wusste, den geschwungenen Weg zu Vaters Haus würde er nie wieder hinaufgehen. Im Sternen saßen nur spärlich Gäste. Der Wirt trocknete Gläser hinter der Theke und schaute kaum auf, als das junge Paar zu ihm herankam.

Hm. Meine Zimmer sind praktisch alle belegt, brummte er und dachte an seine blütenweiße Bettwäsche, die wohl Schaden erlitten hätte, wenn die Jungen damit in Berührung gekommen wären. Ihr seid verheiratet? Er musterte die beiden jetzt genauer.

Wir sind verlobt.

Verlobt? Verlobt ist nicht verheiratet. Ich kann euch kein Doppelzimmer geben, und die Einzelzimmer sind alle belegt.

Aber hören sie mal, das ist doch ein alter Zopf.

Was heißt alter Zopf? Bei uns herrschen Sitte und Moral, wir sind doch kein Bordell.

Der Wirt stellte das Glas ins Regal und nahm ein weiteres in die Hand.

Nein, ich habe für euch kein Zimmer. Stellt euch vor, was die Leute im Dorf sagen würden. Die täten mich glatt der Kuppelei bezichtigen. Er sagte das betont laut. Die Gäste im Lokal merkten auf:

Seid ihr etwa Drögeler aus der Stadt?

Kommen die jetzt zu uns aufs Land hinaus? Darauf haben wir gerade noch gewartet.

Yolanda, die sich schon vorher bei Patricks Vater nicht getraut hatte, auch nur ein Wort zu sagen, blickte hilflos zu ihrem Freund auf. Eine Träne kullerte über ihre Wangen. Patrick dagegen schaute geschlagen drein. Er sah nicht den gläserwaschenden Wirt und auch nicht die sich jetzt zuprostenden Spötter. Er sah nur sich und sein Mädchen irgendwo in einem Schopf die Nacht verbringen und dabei gewaltig frieren. Er sagte nicht, wer er sei, sagte nicht, sein Vater würde die Übernachtung bezahlen, sie gingen hinaus.

Geht doch zum Pfarrer, lallte ein Gast hinter ihnen her, der hat sicher ein warmes Herz für ein nettes Gammlerpärchen.

Obwohl der Vorschlag des Gastes als Beleidigung gedacht war, taten Patrick und Yolanda jetzt genau das. Sie schritten hinauf zur Kirche, durchquerten den Friedhof. Yolanda schluchzte, wischte sich aber tapfer die Tränen aus den Augen, als Patrick beim Pfarrhaus läutete.

Du bist doch der Patrick? Mann, bist du groß geworden, sagte der Pfarrer, als er die beiden ins Sprechzimmer führte.

Der Junge fasste Hoffnung. Wenigstens einer in diesem Kaff, der ihn wiedererkannte. Im Sprechzimmer hörte sich der Pfarrer ihr Problem an.

Ich habe großes Verständnis für Euch, nickte er schließlich, aber zum Übernachten ist hier leider kein Platz. Eine Aushilfe ist über Weihnachten bei mir. Somit ist kein Bett mehr frei. Außerdem finde ich es nicht so günstig, weil ...

... wir nicht verheiratet sind. Die Leute könnten denken ...

... nun, ganz so wollte ich das nicht sagen. Ich bin eben auch sehr beschäftigt heute, muss mehrere Pfarreien besorgen und hätte kaum Zeit für Euch. Ein Pfarrer ist nun mal von Berufs wegen Weihnachten stark engagiert.

Patrick begann, nervös mit den Fingern auf der Tischplatte zu spielen. Er sah die Situation immer auswegloser. Der Pfarrer stand auf und ging zur Türe:

Wisst ihr was, ich sage jetzt, man soll euch etwas zu Essen richten, ich sehe doch, wie ihr ausgehungert seid. In der Zwischenzeit rufe ich ein paar Leute an und frage, ob jemand zwei Betten für euch hat. Ja?

Das Essen tat gut, endlich etwas Warmes in die leeren Mägen. Bis jetzt hatten die beiden gar nicht ans Nahrungsaufnehmen gedacht. Eigentlich wollten sie nichts Anderes, als wieder einmal echte Weihnachten feiern, aber nun blieb allein die Sorge, überhaupt irgendwo einen Unterschlupf zu finden. Wären sie doch nur in der Stadt geblieben. Da gab es warme Bahnhofwartsäle, unterirdische Einkaufsstraßen, Jugendhäuser und dergleichen.

Nach etwa einer Viertelstunde kam der Pfarrer zurück: Es sieht nicht so gut aus, wie ich dachte. Er fuhr mit der Hand verlegen übers schneeweiße Haar: Die Leute wollen überall im trauten Familienkreis Weihnachten feiern und dabei allein sein, andere haben Gäste im Haus.

Patrick schaute an die kahle Sprechzimmerwand. Sein Blick streifte das Kruzifix. Der war auch obdachlos, dachte er für einen kurzen Moment, obwohl er nicht besonders gläubig war.

Nun, es gibt da eine Lösung. Der Gemeindepräsident würde seine Garage zur Verfügung stellen. Das Auto nimmt er heraus. Die Garage ist etwas geheizt, und wie er sagt, hat er da ein paar alte Matratzen aufgestapelt, weil er gerade neue kaufte und die Sperrgutabfuhr erst nach den Festtagen vorbeifährt. Er wohnt gleich dort drüben gegenüber der Kirche. Und jetzt müsst ihr mich entschuldigen. Esst ruhig weiter, aber ich muss weg.

Der Gemeindepräsident rollte eben sein Auto aus der Garage, als das Paar zu ihm hinüberstapfte. Yolanda fühlte Schmerzen im Bauch. Kamen sie von der Aufregung, der Enttäuschung oder vom Essen? Jedenfalls war sie froh, jetzt wenigstens in der Wärme bleiben zu dürfen.

Ihr seid fremd hier?

Das ist mein Bürgerort. Patrick hoffte, der Mann würde nicht weiter forschen, denn er schämte sich seines Vaters, der hier gewiss ein angesehener Mann war. Wieder allein, sanken die Jungen erschöpft auf die Matratzen. Das also sollte ihr Heiliger Abend werden. Patrick legte Yolanda hin und deckte sie mit einer Wolldecke zu, denn sie fühlte sich plötzlich ganz elend und spürte ein starkes Ziehen im Bauch.

Der Bursche ging allein wieder hinaus und drehte sich eine Zigarette. Die erste seit Stunden, denn bis jetzt hatte er dazu gar keine Lust verspürt. Er ging ein paar Schritte durch die schneebedeckte, menschenleere Straße. Es hatte aufgehört zu schneien. Ja, der Himmel hatte sich sogar aufgeklärt, und ein ganzes Heer von Sternen leuchtete über dem friedlichen Dorf. Überall sah der Junge Lichter, und hinter manchen Fenstern flackerten Weihnachtskerzen. Alle feierten sie jetzt Weihnachten. Hie und da hörte er auch Singen und Kinderstimmen. Patrick bummelte gewiss eine Viertelstunde so durch das Dorf, dann kehrte er um. Die sternklare Nacht brachte jetzt auch größere Kälte.

Yolanda schlief, als er zurückkam. Er setzte sich neben sie auf die Matratze und stützte den Kopf in die Hände. Er dachte an die großzügig ausstaffierte Stube des Vaters mit dem prachtvollen Christbaum, der bis zur Decke reichte; dachte wieder an den Wirt und die Gäste im Sternen und das Abendessen beim Pfarrer. Sein Kopf sank auf die Knie, und so schlummerte auch er ein.

Die beiden erwachten erst wieder, als die Kirchenglocken mächtig zu läuten begannen. Draußen auf der Straße gab es nun plötzlich Betrieb. Von überall her kamen die Leute zur Christmette. Glücklich ob dem Fest der Freude und der Geschenke, die sie bekommen hatten, wohlgesättigt alle vom Weihnachtsbraten. Die Orgel brauste gewaltig, und als das Halleluja des Kirchenchores ausklang, schlug der Aushilfspater ein großes, in Leder gebundenes Buch auf, und die ganze Gemeinde lauschte den Worten, die er langsam und würdevoll vorlas:

In jenen Tagen erließ Kaiser Augustus den Befehl, alle Bewohner des Reiches in Steuerlisten einzutragen. Da ging jeder in seine Vaterstadt, um sich eintragen zu lassen. So zog auch Josef von der Stadt Nazareth in Galiläa hinauf nach Judäa in die Stadt Davids, die Bethlehem heißt; denn er war aus dem Haus und Geschlecht Davids. Er wollte sich eintragen lassen mit Maria, seiner Verlobten, die ein Kind erwartete. Als sie dort waren, kam für Maria die Zeit der Niederkunft, und sie gebar ihren Sohn, den Erstgeborenen. Sie wickelte ihn in Windeln und legte ihn in eine Krippe, weil in der Herberge kein Platz für sie war.

Alle hörten in Andacht die feierliche Geschichte, die sie im Grunde genommen seit Kindstagen auswendig kannten. Der Wirt vom Sternen schüttelte den Kopf und dachte, was für Blödiane die Wirte damals doch gewesen seien. Hätte einer den Josef und die Maria aufgenommen, er wäre in die Geschichte des Christentums eingegangen, und die Kirche hätte ihn mit Bestimmtheit zum Heiligen gemacht.

Patrick ging nervös in der Garage auf und ab. Yolanda hatte heftige Krämpfe bekommen und krümmte sich beängstigend vor Schmerzen. Was sollte er bloß tun? Er hatte doch keinen blassen Dunst, wie so was geht. Das Mädchen begann zu keuchen und zu stöhnen, und Patrick rannte, so schnell er konnte hinüber zur Kirche. In der hintersten Bank sprach er leise eine Bäuerin an, die ihm vertrauenswürdig genug erschien. Sie kam sofort mit, vergaß aber nicht, ihrer Banknachbarin die Neuigkeit noch schnell ins Ohr zu flüstern. Sie kamen genau im richtigen Moment, und die Bäuerin hatte tatsächlich Erfahrung, um dem Kind auf die Welt zu verhelfen. Es war ein Bub, und er schrie mächtig, nachdem die Frau mit Patricks Sackmesser die Nabelschnur durchschnitten hatte.

Die Dorfsensation war publik, bevor die Christmette zu Ende ging. Die Leute drängten alle herüber zur Garage des Gemeindepräsidenten, dem die Sache äußerst peinlich war. Alle standen sie vor der offenen Garagentüre und gafften. Kein Stern ging auf am Himmel, und kein Engel erschienen den Hirten auf dem Felde. Es gab da auch gar keine Hirten. Die paar Schafe von privaten Züchtern standen alle in den Ställen. Es gab nur einen Ambulanzwagen, der mit Blaulicht durch die winterliche Nacht davonbrauste. Es gab eine Menge Leute, die sich eilig auf den Heimweg machten, um eine Sensation und um Gesprächsstoff reicher. Und es gab einen achtzehnjährigen, arbeitslosen Jungen, der jetzt Vater geworden war, und der allein zurückblieb und erschöpft auf die Matratze sank. In der Garage des Gemeindepräsidenten, in seinem Heimatdorf.

Nur ein Kind

Sie standen lange vor der Krippe, Hand in Hand, wie in den ersten, verliebten Tagen. Schon damals waren sie zu ihr hinaus gewandert, zu dieser Krippe, da draußen im freien Feld bei der alten Kapelle nahe am Waldrand, weit weg von den Dörfern und fern der Stadt. In einer Mauernische unter dem Vordach, durch ein schmiedeeisernes Gitter von Tieren und unbefugten Menschenhänden geschützt, aber für alle sichtbar, die vorbeikamen, hatten sich die biblischen Figuren jeweils zur Weihnachtszeit in Szene gesetzt. Sie waren nur aus Gips, in Ölfarbe und Goldbronze gefasst - nicht wertvoll, nicht von einem großen Künstler geschaffen. Ein einfacher Dorfschullehrer hatte sie einst geformt und mit seinen Schülern bemalt. Aber diese Heilige Familie strahlte, wenn auch etwas Naives, so doch Liebes, Seliges, Heimeliges aus. Vor der Krippe kniete ein Hirtenknabe und spielte auf einer Blockflöte. Ein Schaf leckte an seinem Wams. Dahinter sass Maria, glücklich und mütterlich, während sich der heilige Josef etwas abseits auf seinen Stock stützte, wohlwollend dem Buben zuhörte und dabei fürsorgend auf das Kind schaute, das in der Krippe lag. Immer brannten Kerzen bei dieser Krippe. Die Kinder mochten sie, drängten ihre Eltern, ihre Großeltern, mit ihnen hinauszuwandern. Aber auch andere Leute kamen. Früher mehr als heute. Damals hielten auch etwa Skiwanderer an, wenn sie auf ihren Brettern vorbeizogen. Aber die Skiruten hatten sich verlagert, zu den Loipen und den Liften.

Die Beiden sind ihr treu geblieben, kamen alle Jahre am Heiligen Abend. Und immer standen sie lange schweigend da, Hand in Hand, so auch diesmal. Sie hatten sich immer ein Kind gewünscht, sehnlichst und innig. Nur ein Kind, hatten sie gesagt, nur ein Kind - wie ist das unser Wunsch. Und sie betrachteten lange das Christkind in der Krippe. Der Wunsch ging nie in Erfüllung. Dafür hatten ihnen die Jahre Spuren ins Gesicht gezeichnet. Unter den Pelzmützen quollen weiße Locken hervor. Sie hatten längst aufgehört, darüber zu reden, wenn sie zur Krippe kamen. Sie hielten sich nur noch an der Hand. In ihrem Alter war es nicht mehr notwendig, alles auszusprechen, was man dachte und fühlte. Der andere spürte es auch so. Es sollte nie sein - nie ein Kind.

Wir müssen heimkehren. Bis zur Busstation ist es weit, und im Altersheim legen sie Wert auf Pünktlichkeit, sagte der Mann und sie nickte.

Meinst Du, wir werden nächstes Jahr nochmals rauskommen? flüsterte sie leise.

Wir müssen nur ganz fest daran glauben.

Sie zündeten eine Kerze an wie alle Jahre.

Da dröhnten Motoren, dumpf zuerst, dann schrill und immer näher. Und plötzlich löste sich aus einer hochgewirbelten Schneewolke ein ganzer Schwarm schwerer Motorräder, rollte in breiter Linie, die Scheinwerfer eingeschaltet, auf das Paar zu, hielt im Halbkreis. Zum Dröhnen mischten sich Knattern und Krachen. Weißer Nebel quoll aus den vibrierenden Auspuffrohren. Es waren vielleicht neun oder zehn dieser gewaltigen Maschinen mit viel blinkendem Nickel und kunstvollen Malereien auf den Benzintanks und an den Verschalungen - Motorräder, wie man sie im Sommer oft mit jungen Leuten über die Landstraßen donnern sah. Die Scheinwerfer blendeten, obwohl es noch Tag war. Die alten Leute hielten sich fest an der Hand, wie nie zuvor im Leben. Und dann erkannten sie hinter den Scheinwerfern auch die Jungs, die auf den Motorrädern saßen, breitbeinig die eisenbeschlagenen Stiefel in den Schnee hackten und sie - so schien es den alten Leuten jedenfalls - grimmig musterten. Es roch nach einem exotisch fremden Parfüm, aber auch nach Abgas, Öl und Leder. Die Stiefel, die Jeans, die Jacken und die Handschuhe, alles war aus schwarzem Leder - die einen Jeans mit Kordeln auf den Flanken eng geschnürt, die andern mit Fransen verziert, die Jacken mit Reißverschlüssen, Nieten und eigenartigen Emblemen aus verchromtem Stahl besetzt. Unter den Helmen schauten lange Mähnen hervor. Die alten Leute glaubten, ihre letzte Stunde sei gekommen. Sie konnten kaum noch atmen vor Angst.

He Opa, kannst du uns sagen, wo's zur Waldackerhütte geht? schrie einer, vermutlich der Boss der Gang, durch das Dröhnen der laufenden Motoren.

Wohin?

Zur Waldackerhütte! Muss da irgendwo in der Nähe sein!

Der alte Mann fasste Mut. Er ging näher zu den Motorrädern heran, seine Frau versuchte ängstlich, ihn zurückzuhalten. So laut es seine dünne Stimme zuließ, rief er: Ja, es ist nicht weit von hier! Fahrt da nach links, dann alles geradeaus durch den Wald bis zu einer Gabelung, dort sofort nach rechts. So kommt Ihr direkt hin!

O. k.!

Es war offenbar doch kein Angriff auf ihr Leben.

Ich weiß nicht, ob das geht! Es hat Schnee, die Straße wird nicht offen sein!

Ach mach dir keine Sorgen Opa! Wir kommen mit unseren Rossen durch - sind alles Heißblüter, ha, ha, ha! Wollen heute, an Weihnachten, ein wenig feiern dort! Willst ein Bier? Komm, kannst ein Bier haben! Dabei hielt der Boss dem verdutzten Mann eine Flasche entgegen.

Nein danke, ist mir zu kalt!

Auch recht. Los, wir fahren!

Was ist denn das da! krähte eine Stimme, die viel höher klang als die andern. Sie musste einem Mädchen gehören. Der alte Mann konnte es aber nicht erkennen, die Ledermonturen ließen keine Unterscheidung zu.

Eine Krippe! brüllte einer, nichts weiter! Hat's jetzt an allen Ecken und Enden!

Na klar, hab's nur nicht richtig gesehen! Kann auch nicht kapieren, was die daran so geil finden! Dreht sich ja alles nur um ein Kind!

Die Motoren heulten höher. Die Maschinen wendeten, die Stiefel hoben sich hoch, Schnee wirbelte auf. Mit Adler- und Totenkopfemblemen auf dem Rücken präsentierten die schwarzen Lederjacken für Sekunden noch ihre grimmigste Seite. Aber der weiße Nebel aus den verchromten Rohren ließ den ganzen Aufzug schnell und wie einen Spuk verschwinden.

Die alten Leute standen eine Zeit lang wie angewurzelt da, auch als die Stille sich längst wieder über die Landschaft gelegt hatte. Noch immer spürten sie den Schrecken in den Knochen. Nun aber ließen sie die Krippe allein und stampften mit entschlossenen Schritten dem Waldrand zu. Sie wollten wenigstens vor dem Eindunkeln bei der Bushaltestelle sein. Der Winterwald, verzaubert wie im Märchen, nahm sie auf. Hochnebel verhüllte den Himmel. Lange sagten sie kein Wort. Auch der Wald schwieg. Nur die Stiefel knirschten im Schnee, manchmal schlugen die Metallspitzen der Wanderstöcke auf einen Stein, ab und zu fiel platschend eine Handvoll Sulz von den Ästen.

Ich dachte, sie wollten uns etwas tun, sagte die alte Frau endlich. Die Begegnung mit den Motorrädern hatte ihre Gedanken die ganze Zeit im Bann gehalten.

Sie sind harmloser, als sie aussehen.

Was stand hinten auf ihren Jacken?

Ich hab es nicht richtig lesen können - etwas mit 'Angels' oder so.

Engel?

Ja, in englischer Sprache - aber ganz sicher nicht 'Weihnachtsengel'.

Wenn sie nur nicht zurückkommen.

Iwo, die wollen jetzt in dieser Hütte Weihnachten feiern. Auf ihre Art halt. Schleppten ja ganze Kisten Bier mit.

Es sind Frauen dabei.

Warum nicht? Heute sind sie ja alle emanzipiert.

Aber wie die über das Christkind geredet hat.

Sind halt junge Leute.

Wir haben uns immer ein Kind gewünscht, und die redet so verächtlich.

Sie meinte das Kind in der Krippe. Das haben schon in biblischer Zeit nicht alle verstanden.

Weiter unten, dort wo die Waldstraße ins Dunkel mündete, lösten sich zwei Gestalten aus dem Hintergrund. Der Größenunterschied verriet es schon von Weitem: ein Erwachsener und ein Kind. Die große Person führte das Kind an der Hand. Es schien, als zerrte sie es, höbe sie die Hand zur Drohung, als wehrte sich das Kind, als trocknete es Tränen mit dem anderen, noch freien Arm. Es war eine Frau, die das Kind neben sich herzog. Als sie die alten Leute sah, wechselte sie ihre Gebärden, streichelte über den kleinen Kopf mit der roten Zipfelmütze, unter der zwei freche Zöpfchen hervorlugten, und redete lieb, aber in dem läppischen Ton, in dem manchmal Erwachsene mit Kindern redeten:

Weißt du mein kleines Schnuckiputzi, das Christkindchen wartet nicht gerne auf unartige Kinderlein, die zu spät kommen.

Aber das nützte nun auch nicht mehr viel. Als sie nämlich die alten Leute kreuzten, weinte das Kind noch immer, und dicke Tränen kullerten über seine glühenden Backen.

Gibt's Schwierigkeiten? fragte der alte Mann, mehr aus Mitleid mit dem Kind, als aus Neugierde, denn er hatte sofort gemerkt: Die Frau spielte ihnen etwas vor.

Das geht Sie nichts an. Müssen uns eben beeilen - wollen Weihnachten feiern.

Aber gerade freuen tut es sich nicht darauf.

Das wird schon werden - war nicht brav, ja, geradezu frech, ach was soll's - ist ja nur ein Kind - komm jetzt!

Die alten Leute blickten dem ungleichen Paar betroffen nach. Das Mädchen tat ihnen leid. Traurige Kinderaugen passten nicht zum Heiligen Abend.

Endlich hatten sie den Wald hinter sich. Aber noch wartete ein weiter Weg bis zu den ersten Häusern der Stadt. Nur ein einzelnes Gehöft lag tief verschneit nahe am Waldrand. Über diesem Bauernhof ruhte allerdings nicht der Friede, der dem hereinbrechenden Abend vor dem Weihnachtsfest eigentlich gebührte. Da gab's Wirbel und Aufregung. Die Bäuerin hetzte umher wie ein aufgescheuchtes Huhn, rief in jede Richtung. Kinder im Schulalter rannten nach allen Seiten durch den Tiefschnee, krähten, die Hände zum Trichter vor den Mund geformt:

Emanuela, Emanuela! E-ma-nu-eeee-laaaaa!

Glaubst', die suchen das Kind von vorhin, sagte die alte Frau. Schon eilte die Bäuerin herbei: Sie haben nicht zufällig ein kleines Mädchen gesehen? Vier Jahre alt?

Mit Zöpfen und einer roten Zipfelmütze?

Ja, das ist es. Die Kinder spielten im Schnee. Plötzlich war es weg.

Wir sahen es vor etwa einer Viertelstunde ...

... eine Frau führte es an der Hand. Da oben auf dem Weg zur Krippe bei der Kapelle.

Um Gottes willen! Was für eine Frau?

Das wissen wir freilich nicht. Aber das Kind weinte, und uns schien das sonderbar am Heiligen Abend.

Sie ging auch nicht besonders sanft mit ihm um.

Wir müssen ihnen nach.

Die Bäuerin war ganz verzweifelt: Was soll ich nur tun? Mein Mann und der Knecht sind noch in der Stadt, ich bin allein mit den Kindern, hab nicht mal ein Auto da.

Sie sollten die Polizei rufen.

Die Kinder stürmten heran: Was ist Mami?

Wissen wir jetzt, wo Emanuela ist?

Ich denke, Sie sollten die Polizei ...

...Sie meinen ...

... wir hatten das Gefühl, das Kind ging nicht freiwillig mit der Frau ...

... es wird doch nicht etwa ... ja ich muss die Polizei rufen.

Ein etwa Vierzehnjähriger, der älteste der Schar, drängte sich vor: Bis die Polizei da ist, sind die über alle Berge.

Ich werde ihnen nachgehen, sagte der alte Mann.

Nein, das ist zu gefährlich, seine Frau hielt ihn fest, du bist nicht mehr schnell und stark genug, du bist fünfundsiebzig.

Wir dürfen jetzt keine Zeit verlieren, ich versuche es wenigsten. Rufen Sie die Polizei. Meine Frau bleibt bei Ihnen.

Ich komme mit! bestimmte der Vierzehnjährige, hole nur schnell die große Laterne.

Die Bäuerin rannte ins Haus, um zu telefonieren. Immer wieder schlug sie die Hände zusammen und seufzte: Unser Kleinstes mit einer Fremden da draußen im Wald - es kann sich ja nicht wehren - es ist doch nur ein Kind.

Der alte Mann gab sein Bestes, vermochte aber nicht zu laufen, wie er wollte. Dazu führte der Weg auch noch bergauf. Er keuchte. Der Junge hingegen trabte leicht neben ihm her.

Hier haben wir sie gesehen, allerdings vor einiger Zeit. Die dürften inzwischen schon weit sein, sagte der alte Mann, als sie zu der entsprechenden Stelle gelangten.

Emanuela kann ja auch nicht so rasch gehen, erklärte der Vierzehnjährige mit kluger Mine. Wenn die Frau zum Beispiel an der Kapelle vorbei und dann auf der andern Seite zum Dorf hinunter will, könnten wir sie vielleicht doch einholen.

Ja, wenn sie das tut.

Schauen Sie, da sind ihre Spuren. Große und kleine, nahe beieinander.

Das stimmt, und da ... und da ... haben sie angehalten, sind sie stehen geblieben. Wir könnten Glück haben. Siehst du, da schon wieder ... Von hier an gibt's nur noch eine Spur, sie wird das Kind getragen haben ... Jetzt musste es wieder selber gehen.

Sie kennen sich aus im Spurenlesen.

Hab ja auch mal Karl May gelesen.

Hinter der Kapelle hörten die Spuren auf. Das heißt, die Fußspuren. Dafür folgten die Abdrücke von Autopneus. Sie führten zur Straße in der Richtung, die der Vierzehnjährige vermutet hatte.

Jetzt haben wir's. Aus und fertig! Ich erinnere mich, da parkte ein Auto.

Welche Marke?

Ach, was weiß ich alter Mann. Ein kleiner Wagen, rot - mehr ist mir nicht geblieben.

Verdammte ... Dem Vierzehnjährigen blieb der Fluch im Hals stecken, denn just in diesem Moment hörten die beiden das dumpfe Dröhnen, das der alte Mann schon kannte. Weit von oben knatterten die Motorräder heran. Nicht alle zehn, aber doch eine ganze Schwadron.

Rocker! schrie der Junge. Nichts wie weg! In die Kapelle!

Der alte Mann aber rannte, so schnell er überhaupt vermochte, zur Straße. Der Vierzehnjährige hielt ihn für wahnsinnig. Schon waren die Motorräder da. Sie stoppten, der Alte trat vor sie hin.

Aber Opa, noch immer da bei deiner Krippe? rief ihm der Boss zu. Danke für den Hinweis, haben die Hütte gefunden. Müssen nur nochmals runter! Haben zu wenig Food gepostet!

Habt Ihr eine Frau mit einem Kind gesehen?

Nein! Was ist mit der?

Sie hat das Kind entführt!

Das gibt's doch nicht! So eine Sauerei!

Sie ist mit einem Auto von hier aus abgehauen! Da runter!

Kennt Ihr den Wagen?

Ein kleiner, roter!

Hast du Angst auf dem Motorrad Opa?

Bin früher auch etwa mit einem mitgefahren!

Und du Kleiner?

Nein!

Los sitzt auf, die holen wir ein! Aber schnell!

Der alte Mann war froh, konnte das seine Frau nicht sehen. Sie hätte sich zu Tode geängstigt. Mit fünfundsiebzig Jahren hinten auf dem Motorrad eines Rockers ... Aber es ging jetzt um etwas ganz anderes, es ging um ein Kind. Und nur das Kind war wichtig. So hielt er sich an der Lederjacke des Burschen fest und sprach sich innerlich Mut zu. Auch dem Vierzehnjährigen klopfte das Herz. Sie trugen zudem beide keinen Helm, was nicht nur verboten, sondern auch gefährlich war. Auf der schneebedeckten Naturstraße schlitterten die Räder manchmal, vor allem in den Kurven. Unten auf der trockenen Landstraße hingegen ging die Fahrt im Höllentempo los. Fünf schwere Harley-Davidsons - der Junge hatte das inzwischen mit nicht wenig Stolz entdeckt, donnerten über den Asphalt. Die Nacht fiel ein.

Da, da ist das Auto! schrie der alte Mann, obwohl sein Vordermann keinen Ton davon hören konnte. Da er aber gleichzeitig mit der Hand in der Luft herumfuchtelte und auf den kleinen roten Wagen deutete, kapierte der Boss. Er gab ein Zeichen, fuhr vor das Auto, die anderen Maschinen daneben, einer hinten her, langsam bremsten sie es ab, drängten es an den Straßenrand, bis es stillstand. Der Vierzehnjährige sprang vom Beifahrersitz. Hinten im Fond des Wagens sass sein Schwesterchen. Sie hatten es geschafft.

Inzwischen war die Polizei eingetroffen, mit mehreren Streifenwagen - fast gleichzeitig auch der Bauer und der Knecht. Keiner glaubte, dass der alte Mann und der Vierzehnjährige das Kind finden könnten. Über den Äther wechselten Funksprüche. Der Konvoi fuhr durch den Wald, die Straße hinauf zur Kapelle. Dort gab der Einsatzleiter seinen Plan bekannt. Die Streifenwagen sollten in alle Richtungen ausschwärmen. Niemand konnte sich erklären, wer diese Frau war, warum sie das Kind mitnahm, wohin sie gegangen war und was sie mit ihm vorhatte. Ein Rätsel auch die vielen Radspuren im Schnee.

Noch standen die Polizisten im Licht ihrer Streifenwagen, als ein tiefes Brummen anhob, das schnell zum Dröhnen anschwoll. Die Motorräder rollten geradewegs mitten in die Runde. Die Polizisten sprangen zur Seite, wollten darauf eingreifen. Der Bauer verstand erst gar nichts, sah dann aber durch das Gegenlicht der Scheinwerfer vorne auf dem Benzintank des Bosses die rote Zipfelmütze und die beiden Zöpfchen.

Da sprang auch schon der Junge vom Sozius: Vater, wir haben Emanuela rausgehauen. Unsere Freunde haben das Auto regelrecht geentert. Läck - das war vielleicht eine tolle Sache. Das da sind richtige Harley-Davidsons!

Was für ein Auto? Welche Freunde? Vor allem, wer war die Frau? fragte der Vater, während er sein Töchterchen auf die Arme nahm und an sich drückte.

Die Magd, die wir im Frühling entlassen haben, weil sie geklaut hatte, antwortete der Vierzehnjährige. Sie hat geweint. Sie sagte, jedes Jahr wäre sie bei Kindern gewesen an Weihnachten, und jetzt sei sie ganz allein, und da wollte sie sich für die Weihnachtsfeier ein Kind holen.

Sie ist geistig etwas zurückgeblieben, sagte der Bauer zum Einsatzleiter.

Wo ist sie jetzt? fragte dieser.

Weitergefahren, gab der Boss zur Antwort. Wir ließen sie laufen, sie heulte wie ein Gof und sagte, es tue ihr leid. Wir konnten sie doch nicht verhaften. Oder?

Stimmt natürlich, ja doch, schon ein Auto auf offener Straße zum Anhalten zwingen, ist nicht legal.

Und der Mann und der Junge da ohne Helm! rief ein anderer Polizist.

Ach so ist das, da hilft man euch ein entführtes Kind zu retten, und ...

... schon gut. Ich habe jedenfalls niemanden beim Fahren ohne Helm gesehen, sagte der Einsatzleiter, und er sagte es ganz klar und bestimmt: Wir suchen ein Kind, keine Verkehrssünder. Niemand hat jemanden ohne Helm gesehen. Oder?

Stille.

O. k. Gut habt Ihr die Frau nicht festgenommen, das hätte Probleme gegeben. Aber kennt Ihr ihre Adresse?

Die Autonummer. Da.

Der Einsatzleiter streckte den Zettel einem der Polizisten hin: Gebt sie per Funk durch. Erklärt denen in der Zentrale aber die Umstände. Sollen schonend vorgehen.

Nun kletterte auch der alte Mann vom Motorrad herunter. Seine Beine waren steif geworden. Er vermochte kaum noch zu stehen. Aber sein Gesicht glühte vor Freude. Er konnte es kaum erwarten, seine Frau wiederzusehen. So oft waren sie zusammen an Weihnachten hierhergewandert. So viele Jahre hatten sie sich ein Kind gewünscht - heute fanden sie eines, wenn auch nicht das eigene.

Anerkennend klopfte er dem Boss auf die Schultern: Danke, danke vielmals, ohne euch hätten wir das nicht geschafft. Ihr seid doch richtige Weihnachtsengel. Der Boss reichte dem alten Mann die Hand. Aber nicht so, wie das üblich ist, mit der

Handfläche in die Handfläche - er fasste ihn vielmehr am Handgelenk. Der alte Mann verstand sofort und tat das Gleiche. Es war ein spezieller Gruß, wie er unter den Motorradklubs so üblich war. Er wurde nur denen gewährt, die man akzeptiert hatte.

Da näherte sich ein Auto, hielt an, das Fenster ging runter: Was ist denn da los. Ein Unfall?

Das Mädchen unter den Motorradfahrern stand zufällig daneben, beugte sich zum Fenster: Ein Kind ist entführt worden.

Und jetzt?

Es ist wieder da.

Was ist los? machte jemand auf dem Beifahrersitz.

Ach nichts Wichtiges. Nur ein Kind, sagte der Autofahrer und fuhr weiter.

Das Mädchen ärgerte sich. Am liebsten hätte es einen Stein genommen und dem Wagen nachgeschleudert. Denn genau in diesem Moment war ihm etwas aufgegangen. Es schaute auf Emanuela, die auf den Armen ihres Vaters eingeschlummert war und schaute zur Krippe, wo das Jesuskind im Licht der fast abgebrannten Kerzen lag.

Die Polizisten, der Bauer samt Knecht und Sohn und auch der alte Mann setzten sich in die Autos und fuhren zum Bauernhof hinunter. Der Motorradklub ratterte in Richtung Waldhütte. Eine Maschine blieb zurück. Eine junge Frau in schwerer Ledermontur blieb am Gitter angelehnt, betrachtete lange die Krippe. Dann warf sie ein Geldstück in den Schlitz einer Kasse und zündete eine Kerze an - nicht ohne sich vorher umzuschauen, ob sie ja niemand beobachtete. Sie glaubte zu sehen, wie ihr das Kind in der Krippe zulächelte. Sie wusste zwar, das war unmöglich, aber sie glaubte trotzdem daran. Dann zog sie das Visier ihres Helms herunter, stülpte die dicken Handschuhe über, schwang sich auf die Harley-Davidson und brauste ihren Kollegen nach. Zurück blieb nur die Krippe und in ihrer Mitte, im Schein einer frischen Kerze - ein lächelndes Kind.

Alles ist Windhauch

Marcel war sauer. Seit einer geschlagenen halben Stunde versuchte er nun, sein Auto zu parkieren. Es schien völlig aussichtslos, eine Lücke in den Reihen zu finden, und gab es dann doch mal irgendwo ein Loch, besetzte es in Sekundenschnelle ein anderer. Zum letzten Mal vor Weihnachten blieben die Läden länger offen, und viele Leute wollten den Abendverkauf noch nutzen. So auch Marcel, denn bisher hatte er noch so gut wie nichts unter den Christbaum gekauft. Genervt kurvte er in der Stadt umher und ärgerte sich über alle anderen.

Nicht nur die Autofahrer, die wie er die Straßen verstopften und die Parkplätze beschlagnahmten, erregten seinen Missmut, auch die Velofahrer, die Bußfahrer und die Fußgänger, die mit Einkaufstaschen, Paketen oder Christbäumen unter dem Arm ständig vor seiner Motorhaube kreuzten. Dabei sollte Marcel noch eine ganze Liste von Geschenken einkaufen, und er wusste nicht, ob er alles bekommen würde, was die Kinder auf den Wunschzettel geschrieben hatten.

Wäre ich doch über Mittag gegangen, dachte er und verpasste dabei wieder um eine Wagenlänge eine der heiß begehrten Parknischen. Aber über Mittag war er, wie immer an diesem Wochentag, beim Englischkurs gewesen, den eine ganze Gruppe von Erwerbstätigen gleichzeitig mit einem Mittagessen in sich hineingestopft hatte. Und morgen? Da war das Fitnesscenter an der Reihe, und das ließ er nie aus.

Ja, und am Abend stand dann das Firmenessen in der Agenda. Überhaupt, die Firma lag ihm im Moment auf dem Magen. Einerseits gab es für den Jahresabschluss noch eine ganze Menge zu tun, andererseits wusste der Prokurist schon jetzt nur allzugut: Das gesteckte Ziel würde nicht erreicht werden.

Während er abwechselnd Gas gab und aufs Bremspedal trat, wie ein Sperber nach allen Seiten spähte und immer ungeduldiger wurde, dachte er mit einem beklemmenden Gefühl in der Bauchgegend an den morgigen Abend: Der Chef würde bei der Tischrede nicht nur lobende Worte finden, das wusste er, und dabei hatte er sich soviel Mühe gegeben. Mehr als notwendig hatte er Arbeiten mit nach Hause genommen oder war im Büro geblieben und hatte bis spät in die Nacht hinein gebucht. Die eigene Familie hatte bereits begonnen, sich darüber zu beklagen. Marcel kratzte sich in den Haaren und drehte das Radio leiser. Irgend so ein deutscher Fußballklub versuchte sich da mit ‚Leise rieselt der Schnee'.

Ach, die Familie, der habe ich doch noch vor Weihnachten einen Skitag versprochen .... Samstag? ... geht nicht, da bin ich mit dem Vorstand des Videoklubs verabredet. Wir müssen dringend die elektronische Schneideanlage auf den neusten Stand bringen, da darf ich wirklich nicht fehlen ... Vielleicht am Sonntag? ...

Da! Blöder Latschi! Nimmt einem einfach den Parkplatz vor der Nase weg!

Marcel drehte gereizt das Radio ganz aus und gab wieder Gas.

Ach, dieser idiotische Weihnachtsrummel hängt mir langsam aber sicher zum Hals raus! Was brauche ich da rumzurasen und einen Haufen Geld auszugeben, wo sich doch bald jeder seinen Quatsch selber kaufen kann. Sogar die Gofen haben heutzutage Sackgeld zur Genüge und wissen kaum mehr, was sie sich wünschen sollen. Eine alte Frau überquerte die Straße, und Marcel musste ausweichen.

Nächstes Jahr nehme ich das Auto und fahre irgendwohin, wo es keine Weihnachten gibt, dann habe ich meine Ruhe ....

Da ist einer frei!

Zwar sieht Marcel die eingeschalteten Rückfahrlampen des Wagens, der gerade dabei ist, korrekt in die Parklücke zu rollen, aber das ist ihm jetzt völlig egal. Er tritt aufs Gas und bremst. Es quietscht. Er landet auf dem Parkfeld - ziemlich quer zwar, aber dafür zuerst. Und genau da kracht es auch schon.

Leichenblass steigt Marcel aus und betrachtet den verbeulten, vorderen Kotflügel. Der Schaden verhält sich in Grenzen, aber er genügt, um den strapazierten Mann vollends auf die Palme zu bringen. Er reißt die Wagentür des anderen Autos auf und schreit die Fahrerin an, die ganz verdattert dasitzt und nicht weiß, was sie jetzt machen soll:

Sie sind doch eine selten dumme Kuh! Schauen Sie mal, was Sie angerichtet haben! Lernt Ihr Weiber denn nie richtig Auto fahren?

Ich habe Sie nicht gesehen, und überhaupt: Ich war zuerst!

Was zuerst? Ich war zuerst drin, das dürfte doch wohl klar sein. Da, sehen Sie: Wo steht mein Karren und wo Ihr blöder Göpel?

Ein Passant am Trottoirrand mischt sich ein: Die Frau war zuerst, ich hab's gesehen.

Ach kümmern Sie sich um Ihren eigenen Mist.

Von beiden Seiten hupen Autos. Leute bleiben stehen und schütteln den Kopf. Marcel steigt in seinen Wagen und sieht, wie die Frau wegfährt und sich in den fließenden Verkehr einordnet. Es reicht ihm gerade noch, ihre Nummer zu notieren.

Jetzt kocht er vor Wut. Da spürt er plötzlich das unangenehme Ziehen in der Herzgegend, das ihm in letzter Zeit schon ein paar Mal aufgefallen ist. Er greift an die Brust. Aber er will sich jetzt wirklich nicht mit solchen Lappalien befassen. Er vergisst die Weihnachtsgeschenke, die er eigentlich einkaufen will und derentwegen er den Parkplatz erobert hat.

Es geht ihm jetzt einzig und allein darum, zu seinem vermeintlichen Recht zu kommen. Er will zur Polizei gehen und die Frau anzeigen, die nach seiner Meinung eindeutig Fahrerflucht begangen hat.

Schwer atmend zwängt er sich nun selber als Fußgänger durch den Straßenverkehr und nimmt dann die Abkürzung durch den Garten des ehemaligen Klosters, wie das so üblich ist, und wie es auch an diesem Abend besonders viele Leute tun.

Kaum hat er den mittelalterlichen Kreuzgang erreicht, meldet sich erneut das Stechen in der Herzgegend, und er spürt eine Schwäche, die ihn ganz bleiern macht. Mit letzter Kraft schleppt er sich zur offenen Seite des Kreuzgangs und setzt sich zwischen die Arkaden, um zu verschnaufen. Schweiß tritt auf seine Stirne. Vor seinen Augen beginnt sich alles im Kreis zu drehen, dann wird es dunkel. Eine Zeit lang bleibt er weg.

Als Marcel wieder zu sich kam, schien ihm, als hätte sich etwas nachhaltig verändert. Das Erste, was er bemerkte, war Stille. Kein Laut mehr drang von der Stadt und dem turbulenten Verkehr des Abendverkaufs an sein Ohr. Die Stimmen der Leute, die eben noch geschäftig schwatzend und Maroni essend durch den Kreuzgang gedrängt hatten, das Johlen dieser Handvoll Buben, die ihn beim Betreten des Kräutergartens beinahe über den Haufen gerannt hatten - all das war jetzt wie weggeblasen. Überhaupt fehlten die Menschen. Das Einzige, was Marcel sah, war der spärlich beleuchtete lange Flügel des Kreuzgangs und außerhalb der Arkaden das fahle Licht des Mondes, das den verschneiten Innenhof bläulich einfärbte. Schnee? Eigenartig. Marcel fror gar nicht, obwohl er, wie es ihm schien, nun schon eine ganze Weile auf dem Mäuerchen sass.

Aber die Stille regte ihn auf. Trotzdem machte er keine Anstalten, ihr zu entfliehen und wieder in die belebte Stadt hinauszueilen. Die Sache mit dem Zusammenstoß hatte er völlig vergessen. Zunächst hielt sich ein ganz feines Pfeifen auf einer gleichbleibenden Tonhöhe hartnäckig im Ohr, wie er es schon gehört hatte, wenn beim Fernsehen das Programm plötzlich ausgefallen war. Es war unangenehm und veränderte sich lange Zeit nicht. Dann aber ebbte es doch allmählich ab, und mit einem Mal entdeckte Marcel, dass die Stille gar nicht lautlos war. Mit sanftem Hauch bewegte der Wind die blätterlosen Bäume und Sträucher im Hof des Kreuzgangs. Irgendwo, so schien ihm, gurrte eine Taube, und eine ferne Glocke beierte, vom Schnee gedämpft, in die Nacht.

Nun aber holte ihn ein neues Geräusch aus dem Staunen. Gleichmäßig, schwerfällig und mit viel Widerhall näherten sich Schritte. Marcel versuchte etwas zu entdecken, aber es dauerte lange, bis er die Gestalt sah, die sich aus der Dunkelheit löste. Sie kam langsam heran und trug ein schwarzes Kleid, das in unzähligen kleinen Falten bis zu den Knöcheln reichte. Marcel erkannte im schwachen Licht eine Kutte. Es war ein Mönch. Die Hände in den weiten Ärmeln verborgen, die Kapuze über den Kopf gezogen, schritt er durch den Kreuzgang. Seinen Blick warf er nur wenige Meter vor sich auf den Sandstein. Von dem Mann, der in der Arkade sass, nahm er keine Notiz. Der Mönch meditierte.

Marcel staunte mit offenem Mund. Obwohl die Erscheinung eigentlich ganz gut in diese Kulisse passte, kam sie ihm ungewohnt vor. Die letzten Mönche hatten das Kloster doch vor bald fünfhundert Jahren verlassen. Soviel wusste er noch aus dem Geschichtsunterricht. Der Mönch kehrte beim Seiteneingang zur Münsterkirche um und kam wieder näher. Marcel nahm sich vor, ihn diesmal anzusprechen. Zwar wusste er nicht so recht, warum er das tun und noch weniger, was er fragen wollte.

Kalt draußen .... Äh ... ein wenig am Beten? stammelte er, als ihn der schwarze Mönch kreuzte.

Der Mann Gottes drehte sich nur ganz wenig zu Marcel und hielt stumm zwei Finger über die Lippen. Das Zeichen des Schweigens.

Blödian, knurrte Marcel und war jetzt entschlossen, sich ihm in den Weg zu stellen, sobald er erneut zurückkäme.

Es verstrich aber eine geraume Weile, bis es soweit war: Für wen arbeiten Sie?

Der Mönch stand nun doch still und flüsterte leise: Für Gott.

Das kann ich mir denken. Aber ich meine, wo kommen Sie her, was tun Sie hier? Oder hat sich da irgendein Geschäftsmann am Ende einen Werbegag für den Weihnachtsverkauf ausgedacht?

Alles Windhauch.

Ja, es windet, wir sind da auch praktisch im Freien.

Nicht das meine ich. Der Mönch sprach jetzt merklich lauter, aber ohne jede Hetze: Alles da draußen, die Leute, die von Kaufmann zu Kaufmann eilen, die ungezählten Kerzen, die nicht ausgehen, auch wenn man sie ausblasen will, die Kutschen, die sich ohne Pferde bewegen, der eigenartige Schnitt der Gewänder - alles ist Windhauch, alles ist Luftgespinst - alles ist vergänglich - nur das Ewige hat Bestand.

Ich verstehe, Sie sind Mönch, es gehört ja wohl zu Ihrem Job, so zu reden. Wollen Sie mir nicht wenigstens sagen, in welcher Mission Sie hier sind, woher Sie kommen?

Man nennt mich Bruder Frowin. Hier im Kloster zu Allerheiligen habe ich im Jahre des Herrn 1175 meine Gelübde auf die Regel des heiligen Benedikt abgelegt.

Marcel grinste ungläubig. Entweder machte da einer das Kalb mit ihm oder er war im Begriff, den Verstand zu verlieren:

Aha, dann wären Sie - warten Sie mal - dann wären Sie so etwa 850 Jahre alt. Gratuliere!

Marcel fand es nun doch recht peinlich. Er schaute betroffen zur Seite. Dabei streifte sein Blick den Durchgang zum Hof mit der Schillerglocke. Sie war weg! Ja selbst der Sockel fehlte! War er am Ende womöglich doch selber nicht ganz bei Trost? Unsicher fühlte er sich jetzt auf jeden Fall. Er starrte dem

Mönch nur wortlos in die dunklen Augen. Der aber hielt seinem Blick stand und schwieg eine ganze Weile, ehe er weiterfuhr:

Wie ich sagte, alles ist Windhauch.

Seit Ihrer Zeit sind Jahrhunderte vergangen. Sie können heute Ihre Maßstäbe nicht mehr anwenden. Wir leben in einer modernen Zeit, nicht mehr im dunklen Mittelalter.

Ich weiß.

Inzwischen haben Revolutionen stattgefunden, die Reformation, die Aufklärung, die Proklamation der Menschenrechte.

Ich weiß.

Wir haben Hightechnik, sind weltweit vernetzt, haben jede Menge Information sofort griffbereit. Heute zählt, was Geld bringt. Da muss was gehen. Jeder kann's zu etwas bringen, wenn er nur genug leistet. Und wenn man schon Geld verdient, dann will und darf man das auch ausgeben ... Wir tun's ja nicht nur für uns. Sehen Sie gerade jetzt in der Weihnachtszeit, da kaufen alle ein, um andere zu beschenken.

Windhauch.

Jetzt hören Sie mal gut zu. In Ihrer Zeit haben ein paar Privilegierte alles gehabt, und die armen Schlucker mussten ihnen den Zehnten abliefern. Das war wohl auch so ein Windhauch.

Ihr richtet euren Zehnten an den Erfolg, an die Karriere.

Davon haben wir wenigstens etwas.

Und richtet euch zugrunde ...

... keine Zeit war so gesund wie unsere. Wir haben die Seuchen besiegt, die Lebenserwartung steigt.

Ich gebe zu, wir hatten die Pest und viele andere Übel. Aber der Herzinfarkt ist eine Erscheinung eurer sogenannten modernen Zeit.

Was versteht denn schon ein Mönch, und dazu einer aus dem Mittelalter, von den Anforderungen des modernen Lebens, von materiellen Werten und von wirtschaftlichen Praktiken?

Auch ich war nicht immer Mönch.

Bruder Frowin hatte sich wieder in Bewegung gesetzt, aber Marcel blieb dicht an seiner Seite. Der sonderbare Mönch aus dem Mittelalter interessierte ihn. So schritten sie zunächst wortlos durch zwei Flügel des Kreuzganges. Im Innenhof hatte es zu schneien begonnen.

Ich war ein Sohn aus edlem Hause und sehr begabt. Ich darf wirklich sagen, alles, was ich in die Hände nahm, brachte Erfolg. Das hatte schon in meiner Kindheit begonnen. Kein anderer Knabe lief schneller als ich, keiner sang so hell und rein, und keiner wagte es, sich mit mir anzulegen, denn alle respektierten meine Muskelkraft. Als Jünglinge maßen wir uns dann in Wettkämpfen. Ein Freund und ich rangen stets um den Sieg. Beim Schwimmen, beim Reiten, beim Bogenschießen. Später stürzten wir uns mit Eifer ins Studium der Wissenschaften. Er schrieb glänzende Verse, die ich als brillanter Rhetoriker vortrug. Im Fechten vermochte uns niemand das Wasser zu reichen. Nicht zuletzt dank unserer familiären Herkunft übten wir bereits damals starken Einfluss auf viele Menschen aus. Man sagte uns beiden eine große Zukunft voraus.

Aber dann verliebten wir uns in dasselbe Mädchen. Das Spiel der Kinder und der sportliche Wettstreit der Jugend wandelten sich nun zur ernsthaften Rivalität. Ihr Lächeln, ihre Zuneigung galt immer mehr ihm. Das weckte meinen Neid. Aus dem Neid wurde Abneigung und aus der Abneigung Hass. Ich grübelte nächtelang, wie ich ihn zu übertrumpfen vermöchte.

Eines Tages provozierte ich ihn in feiner Gesellschaft, und er ließ sich zu einer Unflätigkeit hinreißen, die genügte, um ihn zu einer Fehde herauszufordern. Wir kämpften verbissen, glühend vor Leidenschaft und tödlicher Verachtung, bis ich ihn mit dem Schwert in die Brust traf und er wenige Stunden später starb.

Das Mädchen wollte nun von mir erst recht nichts mehr wissen und verschwand aus meinem Gesichtskreis. Ich selber erkrankte, fieberte und hustete. Alle meine Kräfte verließen mich, und ich machte mir ernsthafte Gedanken, wie ich meinem verlorenen Freund in den Tod folgen könnte.

Da gebot mir der Arzt unbedingte Ruhe, und ich reiste hierher in dieses Kloster, wo ich mich im Gästehaus einrichtete. Ich verbrachte lange Monate in dieser Stille und Abgeschiedenheit. Am Anfang erschien mir alles fast unerträglich. Ich verkraftete die befohlene Ruhe und Stille nicht. Ich durfte nicht mehr reiten, nicht mehr auf die Jagd gehen, schon gar nicht fechten - nur da sein und lesen.

Und wie ich mich durchrang, es zu ertragen, kamen Ruhe und Klarheit in meinen Alltag, ich drosselte das Tempo, in dem ich lebte und erkannte: Es gab noch andere Werte in meinem Leben. Anderes, als nur das Streben nach Geld, nach Ruhm und Erfolg. Ich lernte eine neue Dimension kennen: die Stille.

Marcel brachte kein Wort über die Lippen, obwohl der Mönch jetzt wieder eine ganze Zeit lang schwieg. Stille! Der kann gut reden. Das ist hier und heute schlicht nicht machbar.

Sehen Sie, der Mensch kann nicht wie ein Mühlrad ständig in Bewegung, ständig tätig sein. Er muss ausspannen, ruhen, hinhören und aufnehmen können, mehr noch, er muss loslassen, loslassen von all dem, an das er sich so krampfhaft klammert - dann erst findet er zu sich selbst.

Zum ersten Mal in diesem Gespräch zog Frowin die Hand aus dem weiten Ärmel seiner Mönchskutte und hielt sie mahnend in die Höhe, so wie er das in seinen jungen Jahren als Redner getan haben mochte:

Gerade der Advent ist eine solche Zeit - Geschenke machen, Freude machen - ja, das alles ist gut und schön, aber machen Sie sich doch selbst ein Geschenk: Lassen Sie einmal alles stehen und liegen, gehen Sie weg aus dem ganzen Betrieb und werden Sie still - und ob Sie's nun wollen oder nicht, Advent ist auch in Ihrer geschäftigen und gehetzten Epoche noch immer die Vorbereitungszeit auf Weihnachten, das Warten auf die Ankunft des Christuskindes.

Marcel hatte keine Antwort darauf. Er blieb stehen und blickte dem Mönch lange, lange Zeit geradewegs ins Gesicht und in die Augen, die wohltuende Ruhe verströmten.

Da wachte er auf. Er lag in blütenweißen Kissen in einem hell erleuchteten Raum, und rund herum blinkten komplizierte Apparaturen mit Metern, Schläuchen und Sauerstoffflaschen. Marcel erschrak. Blitzartig kam die Wirklichkeit zurück: Spital! Aber, noch ehe er sich aufzurichten vermochte, um zu fragen, was mit ihm passiert sei, beugte sich über ihn der Arzt im weißen Kittel, das Stethoskop am Hals baumelnd. Dieses Gesicht mit den dunklen Augen erkannte Marcel sofort. Ja, es waren die Züge des seltsamen schwarzen Mönchs, mit dem er eben noch durch den Traum gewandelt war. Mit derselben, leisen und beruhigenden, bereits vertrauten Stimme sagte der Arzt:

Sie haben Glück gehabt. Sie haben ein starkes Herz. Aber als man Sie zu uns in die Intensivstation brachte, befürchteten wir das Schlimmste.

Marcel schoss hoch: Mein Auto, es steht noch auf dem Parkplatz an der ...

... keine Sorge, das haben wir zusammen mit der Polizei bereits in Ordnung gebracht.

Ah die Polizei - da ist noch ... warten Sie, in meinem Mantel steckt ein Zettel mit der Autonummer von der Frau. Man muss sie anzeigen!

Der Arzt drückte Marcel behutsam ins Kissen zurück: Vergessen Sie es. Wer im Weihnachtsverkauf um Parkplätze streitet, riskiert schon mal eine Beule.

Woher wissen Sie ...?

... die Frau hat sich selber bei der Polizei gemeldet, nachdem sie endlich irgendwo das Auto hinstellen konnte. Sie hat natürlich erklärt, Sie hätten ihr den Parkplatz weggeschnappt.

So eine verd ....

Nein, nein. Das ist eben genau das, was wir jetzt nicht brauchen können. Für Sie gibt es etwas viel viel Wichtigeres: Ruhe, Entspannung, Stille. Ihre Frau weilte einige Stunden hier an Ihrer Seite. Wir haben sie heimgeschickt, als Sie wieder gleichmäßiger atmeten.

Marcel blieb einen Moment wie betäubt liegen. Dann flüsterte er schon merklich ruhiger: Ich muss noch soviel erledigen für Weihnachten, Geschenke ...

Ruhig.

Und der Geschäftsabschluss ...

Der geht auch ohne Sie - vergessen Sie alles.

Und Weihnachten? Bin ich an Weihnachten bei meiner Familie?

Es könnte möglich sein, aber nur, wenn Sie selber mithelfen. Lernen Sie, ruhig zu sein - genießen Sie die Stille.

Der Arzt verließ das Zimmer. Marcel drehte den Kopf. Durch eine Glaswand sah er inmitten von Tannenzweigen eine violette Kerze brennen. Der Mann erinnerte sich an die Zeit seiner Kindheit. Damals hatten sie im Advent auch immer Kerzen angezündet. Jeden Sonntag eine mehr - und dann war Weihnachten immer ein großes Ereignis.

Lange schaute er ins kleine Flämmchen, bis es sich zu einem einzigen, strahlend hellen Punkt verdichtete. Wach diesmal, aber in Gedanken versunken, sah er darin wieder das Gesicht Frowins, und er erinnerte sich an das Zwiegespräch mit dem Mönch im Allerheiligen-Kreuzgang. Und plötzlich spürte er es ganz fein und lautlos - beinahe wie ein Windhauch - es war Advent.

Da stand das Auto plötzlich still

Vorbemerkung des Autors: Als ich diese Geschichte schrieb und im Schaffhauser Bock veröffentlichte, hatte noch niemand ein Handy. Mit einem Mobiltelefon hätte sie sich anderst entwickelt.

Wir sind spät.

Du siehst ja: Ich kann nicht schneller fahren.

Trotzdem, wir müssen uns beeilen, du weißt, Vater hasst es, wenn man zu spät kommt.

Verdammt noch mal, was kann ich dafür, wenn es ausgerechnet jetzt schneit. Wärst du früher mit der Einkauferei fertig gewesen, wären wir auch schon länger unterwegs.

Freddy war gereizt, Margrit giftig. Seit einer Stunde saßen die beiden im Auto, und dabei warf der Himmel alles, was er an Schnee loswerden konnte, auf die Erde herab. Den ganzen Dezember hatte der Schnee auf sich warten lassen, und ausgerechnet am Heiligen Abend musste das nachgeholt werden.

Freddy peilte die Straße. Das heißt, er versuchte es wenigstens. Der Scheibenwischer vermochte die Windschutzscheibe nicht frei zu halten. Das weiße Pulver hatte den Straßenrand längst verwischt. Bis hierher hatte sich noch kein Schneepflug durchgekämpft. Die Männer vom Straßendienst sahen sich wohl ebenso überrascht vom plötzlichen Wetterumsturz. Kaum einer von ihnen dürfte sich jetzt besonders darüber gefreut haben, hatten sich doch überall die Familien bereitgemacht, um Weihnachten zu feiern.

Auch Margrit und Freddy waren auf dem Weg zur Weihnachtsfeier. Traditionsgemäß kam am Heiligen Abend die ganze Familie bei Vater und Mutter zusammen. Der Fabrikant und seine Frau wohnten draußen vor der Stadt in einem traumhaften Landhaus, und die Zusammenkunft an Weihnachten galt als familiär gesellschaftlicher Anlass. Außer den Kindern, die alle längst verheiratet waren - Freddy, der Jüngste, hatte durch seine

Hochzeit mit Margrit im letzten Sommer den Reigen geschlossen - kamen auch immer Verwandte und Freunde von überall, und sogar Großmutter wurde an diesem Tag aus dem Altersheim geholt.

Haben wir nichts vergessen? fragte Freddy, mehr um die Spannung zu entladen.

Ich habe alles durchgecheckt, gab seine Frau zur Antwort, es sollte eigentlich nichts fehlen.

Peinlich, wenn wir jemanden vergessen hätten, brummte Freddy und drückte die Augen ganz nach vorne an die Windschutzscheibe, um sich besser zu orientieren.

Weit und breit sah er kein Dorf, kein Haus, kein Licht, nur wirbelnde Flocken und eine blendende, alles bedeckende Schneefläche. Seit Wochen hatten sich die beiden auf Weihnachten vorbereitet, Listen erstellt, was sie wem schenken wollten und dann alles eingekauft, bis vor wenigen Stunden, als die Läden zumachten. Es war eine Hetze und ein Gestürm gewesen, und das wüste Gedränge in den Straßen und Geschäften der Stadt hatte an den Nerven gezerrt. Am aufreibendsten aber war gewesen, nach geeigneten Geschenken zu suchen. Einerseits konnte sich ja jeder alles leisten, was er sich wünschte, anderseits wollte man auf gar keinen Fall schäbig wirken.

Im Hause der Eltern wurde üblicherweise alles mit großem Maßstab gemessen. Geschenke an Weihnachten gehörten zu einer Art Prestigewettbewerb, zu einer Demonstration des eigenen Wohlstandes, um zu zeigen, wie gut man verdiene. So überbot stets jeder den andern, und die Geschenke wurden immer teurer, denn keiner wollte sich mit Minderem bloßstellen. Und in der Tat, was jetzt im Kofferraum von Margrits und Freddys Wagen lag, konnte sich sehen lassen.

Die beiden sprachen lange kein Wort. Ihre Gedanken weilten bereits draußen im Landhaus. Vater würde wieder die ganze Zufahrt mit elektrisch beleuchteten Christbäumen geschmückt haben, und Mutter hätte die auserlesensten Leckereien eingekauft, wie jedes Jahr. Es war immer ein nobles Weihnachtsfest.

Zuerst gäbe es jeweils einen Apéro zur Begrüßung in Vaters Bibliothek, dann setzte man sich an die prachtvolle Tafel im Esszimmer, und damit man sich gleich an die bevorstehenden Essgewohnheiten der nächsten Tage gewöhnen konnte, gab es kaum weniger als sieben Gänge. Bevor dann der Dessertwein kredenzt wurde, pflegte Vater ans Glas zu klopfen und eine Rede zu halten. Es war das einzige Mal im Jahr, wo er eingehender über den Geschäftsgang seiner Fabrik berichtete. Und so, wie es dieses Jahr aussah, würde er gewiss eine Umsatzsteigerung vermelden können.

Dann wechselte man in den Salon, wo ein Christbaum bis zur Decke reichte, über und über mit silbernem und goldenem Weihnachtsschmuck behangen und mit hundert Lichtern von Kerzen aus echtem Bienenwachs erleuchtet. Jeder überreichte dann jedem seine Geschenke, sprach Komplimente und staunte heimlich, wie gut es doch dem andern im verstrichenen Jahr wieder ergangen war. Anschließend sass man dann vor dem Kamin, stieß mit Whiskey und Cognac an und sprach über den Erfolg in Beruf und Stellung. Und irgendwann in der Nacht machten sich alle auf den Heimweg, und Vater drehte den Schalter, um die elektrischen Kerzen an den Christbäumen auszulöschen.

Aber noch war es nicht soweit. Freddy kämpfte sich mit seinem Wagen durch das Schneegestöber, und Margrit ging in Gedanken zum xten Mal die ganze Liste der Geschenke durch. Von Weihnachtsstimmung keine Spur. Nicht wegen des Wetters. Im Gegenteil, weiße Weihnachten hatte man sich ja immer gewünscht, aber der Stress, die Hetze des Tages, die Gifteleien seit der Abfahrt, sie waren alles andere als geeignet, Weihnachten hereinzuholen.

Der Wagen stockte, stotterte, der Motor setzte aus, sprang wieder an.

Was zum Teufel ist denn jetzt los? knurrte Freddy und schaltete in einen tieferen Gang. Da stand das Auto plötzlich still, mitten auf der Straße, soweit man da noch von Straße reden konnte.

Jetzt Heiland Donner, Sterne ...!

Freddy, es ist Heilig Abend!

Was geht das mich an. Kann ich etwas dafür, wenn der Karren stillsteht?

Geh halt und sieh nach, vielleicht ist es nur eine Kleinigkeit.

Freddy versuchte, den Motor wieder zu starten. Er sprang nicht an. Wohl oder übel musste der Mann hinaus in die kalte Schneenacht, um die Haube des Wagens zu öffnen. Mit einer Taschenlampe starrte er auf den Motor, wie es seine Rolle als Mann verlangte, aber alles Starren war nutzlos. Freddy verstand von Motoren nichts, rein gar nichts. Er schlug wütend die Motorhaube zu. Der Fluch, den er dann in die Stille hinausschmetterte, wird besser nicht niedergeschrieben, denn er passt ganz und gar nicht zu einer Weihnachtsgeschichte.

Was jetzt? fragte Margrit, als ihr Mann sich wieder ins Auto gesetzt hatte, rufen wir den Pannendienst?

Geh ans Telefon, da drüben steht eine Telefonkabine, spottete Freddy voll Ironie und Wut und zeigte in die weite, weiße Ebene hinaus.

Tatsächlich stand der Wagen mitten in einer einsamen Gegend, wo kein Mensch zu leben schien. Rundherum Dunkelheit. Freddy hatte die Scheinwerfer ausgeschaltet, um nach einem möglichen Licht Ausschau zu halten.

In spätestens zehn Minuten werden wir es hier drin saukalt haben. Wir müssen zu Fuß gehen, bis wir ein Haus finden, wo wir telefonieren können, knurrte er und stieg aus. Margrit zog ihren Pelzmantel vorne zusammen und mühte sich ebenfalls in die Nacht hinaus. Sie trug elegante Schuhe mit hohen Absätzen, und auch Freddy hatte sich auf alles eingerichtet, nur nicht auf einen Marsch durch den Winter. Er stützte seine Frau, obwohl er selber mit seinen Ledersohlen ständig ausrutschte. Der Schnee drang oben in die Halbschuhe ein.

Da drüben ist ein Licht.

Gottseidank!

Dort versuchen wir, den Pannendienst anzurufen.

Aber bis zu dem alleinstehenden Bauernhof lag noch fast ein Kilometer Straße, bedeckt mit gut zwanzig Zentimetern frisch gefallenem Schnee. Freddy verging dabei sogar das Fluchen, und seine Frau weinte leise vor sich hin. Es war tatsächlich ein Bauernhof. Die Bauersleute staunten über den unerwarteten Besuch zu dieser Zeit, aber sie zeigten sich ausgesprochen freundlich. Freddy telefonierte.

Es wird drei bis vier Stunden dauern, wir sind vollständig überlastet, sagte die Frau am anderen Ende des Drahtes höflich, aufgrund des plötzlichen Schneefalls gibt es überall Pannen.

Aber wir müssen dringend zu einer Weihnachtsfeier, eiferte Freddy.

Das wollen heute alle, es tut mir leid. Wo sind Sie?

Ach ja, wo sind wir überhaupt?

Der Bauer, der neben Freddy gewartet hatte, nahm den Hörer gleich selber in die Hand: Passen Sie auf, ich erkläre es Ihnen ...

Wie zwei geschlagene Pudel standen die beiden da. Der Heilige Abend war geplatzt. Ich muss noch meinen Vater benachrichtigen, hauchte Freddy fast tonlos, dann gehen wir zurück zum Wagen und warten.

Um Gotteswillen nein, das können Sie nicht. Die Bäuerin schlug entsetzt die Hände vor dem Gesicht zusammen, wenn der Motor nicht läuft, funktioniert auch keine Heizung im Auto. Sie werden erfrieren.

Sie bleiben solange bei uns, bestimmte auch der Bauer, ich habe denen vom Pannendienst erklärt, wo unser Hof liegt, der Mechaniker kommt ohnehin zuerst hierher.

Das ist nett von Ihnen, tat Freddy verlegen, aber es ist uns nicht recht, schließlich wollen Sie sicher mit Ihrer Familie Weihnachten feiern.

Das tun wir wohl, gab der Bauer zur Antwort und begann, Margrit aus dem Pelzmantel zu helfen. Aber das ist überhaupt kein Grund, nicht bei uns zu bleiben. Seien Sie ruhig mit dabei, wenn wir feiern.

Margrit strich sich mit der Hand über ihr festliches Kostüm und genierte sich vor den Bauersleuten in ihren einfachen Kleidern: Aber Weihnachten ist doch ein ganz persönliches und privates Fest, da will man keine Fremden haben.

So, das ist mir neu, sagte der Bauer trocken und schob das junge Paar in die Küche, wo auf einer Eckbank um den Tisch die Kinder saßen, der Heiland ist für alle auf die Welt gekommen. Weihnachten ist ein Fest für alle.

Freddy schaute verlegen auf den gekachelten Boden. Weihnachten mit einem religiösen Aspekt, das hatte er seit Jahren vergessen. Sicher, da gab's die Krippenspiele, die lebensgroßen Figuren auf dem Fronwagplatz und all die Weihnachtslieder. Aber das war für ihn nur mehr Zierrat, geeignet, Weihnachten einen bestimmten Putz zu geben. Es ging ihm gegen den Strich: Jetzt platzten sie in eine wildfremde Familie hinein und sollten Weihnachten mitfeiern, wo sie doch draußen im Landhaus mit den elektrischen Kerzen erwartet würden. Außerdem hatten sie nicht einmal Geschenke dabei, müssten tatenlos zusehen, wie sich hier alle etwas geben. Weiter kam er nicht mit seinen Gedanken, denn die Bauersleute stellten ihm und seiner Frau ihre Kinder vor.

Der Kachelofen in der derben Bauernstube verbreitete wohlige Wärme. Mitten im Raum stand der Christbaum, nicht ganz so mächtig, wie der von Freddys Eltern, aber auch er reichte bis zur Decke und, obwohl nur mit selbst gebastelten Strohsternen, ein wenig Silberlametta und ein paar golden bemalten Tannenzapfen geschmückt, zeigte er Würde. Auch wenn nicht Bienenwachskerzen brannten, so spiegelten die Flämmchen kein Bisschen weniger in den klaren Kinderaugen. Auf dem Buffet hatte die Bäuerin eine Krippe aufgestellt, und es sah fast so aus, als stellten die in Holz geschnitzten Figuren die frohe Familie hier in der Stube dar. Sie hatten auch den Knecht und den Melker hereingerufen, und zusammengesunken, aber mit verklärtem Lächeln, sass der Großvater im Rollstuhl und freute sich wie die Kinder, weil jetzt Weihnachten war.

Margrit und Freddy hatten sich in den Hintergrund verdrückt, denn noch immer war ihnen das alles recht peinlich. Hanna und Marta, die beiden kleinen Mädchen, intonierten auf der Blockflöte das ‚Stille Nacht', und die ganze Gemeinschaft stimmte ein in das Lied, das ein einfacher Dorforganist komponiert hatte und das heute mit Gewissheit das berühmteste Lied auf der ganzen Welt sein dürfte. Margrit, etwas beweglicher als ihr Mann, summte ab der Mitte der ersten Strophe mit, um dann zaghaft einzustimmen. Bei der dritten Strophe bemühte sich auch Freddy fast tonlos mitzubrummeln. Dass ihm auch das passieren musste.

Dann las Hans, der Älteste, die Weihnachtsgeschichte, und Freddy erinnerte sich wieder an seine Zeit als Kind, wo diese Geschichte zur Weihnachtszeit noch aktuell war. Einmal hatte er sogar den Josef im Krippenspiel gespielt. Aber mit der Kindheit hatte er auch solche Geschichten wie die Weihnachtsgeschichte zu den Akten gelegt. Was bedeutete sie denn noch für erwachsene, aufgeklärte Leute?

Was dann folgte, entsprach schon eher seinem Geschmack, obwohl er erstaunt war, so etwas in diesem Haus zu hören: Fabian, der Zweitälteste, griff zu einer Querflöte und spielte einige Sätze aus einer Suite von Johann Christoph Petz. Obwohl erst vierzehn, spielte er leicht und rein, erkannte die Bögen der

Melodie, die Phrasierungen, brachte damit die barocke Musik voll zur Geltung. Freddy konnte es nicht verkneifen, am Schluss bravo zu sagen, und alle klatschten.

Ich darf das heute Nacht mit dem Organisten in der Kirche spielen, strahlte Fabian und legt sein Instrument wieder zur Seite.

Margrit und Freddy hatten sich jetzt doch etwas angewärmt, aber das Unangenehmste stand noch bevor: das Geschenkeverteilen. Unter dem Christbaum lagen weihnachtlich verpackte Sachen, und die holte man jetzt hervor. Zuerst griffen die Kinder unter die Zweige und legten ihre Päcklein den Eltern, dem Großvater, dem Knecht und dem Melker in die Hände. Während Wochen hatten sie gebastelt, gestrickt, gefeilt, gemalt und sich darauf gefreut, diese weiterzugeben. Vater bekam einen Pfeifenhalter und einen wollenen Schal, für die Mutter gab's Kochkellen, ein Taschentuch mit besticktem Monogramm, ein reizendes Sträußchen, arrangiert aus getrockneten Heublumen. Der Großvater freute sich an neuen Socken, und der Knecht probierte die gestrickten Handschuhe gleich aus.

Margrit staunte über die einfachen Gaben, und sie staunte noch mehr darüber, welche Freude diese Kleinigkeiten bei den Beschenkten auslösten. Auch das, womit die Eltern ihre Kinder bescherten, war einfach und praktisch. Keine teuren Stereoanlagen, keine Fotoapparate und Personal Computer wurden hier aus den bunt bedruckten Papieren gewickelt. Hans bekam einen Kompass, denn er war ein leidenschaftlicher Pfadfinder, und Fabian, der Musikus, hielt glücklich eine Kassette mit Bachs Brandenburgischen Konzerten in den Händen. Für die beiden Mädchen hatte Vater eine große Puppenstube gezimmert, welche die Mutter mit viel Fantasie ausstaffiert hatte.

Und dann passierte das, was Freddy beinahe das Herz stillstehen ließ: Die Bäuerin holte ein letztes Päcklein unter dem Christbaum hervor, legte es in seine Hand: Ich wünsche Ihnen von ganzem Herzen ein gesegnetes Weihnachtsfest. In Eile hatte sie ein Stück geräucherten Speck aus dem Kamin geholt, um den Fremden, die mit ihrem Auto stecken geblieben waren, auch eine Freude zu machen.

Es ist mir unangenehm, sagte Freddy und hielt das fein duftende Stück Fleisch in der Hand. Wir haben nichts dabei, das wir Ihnen schenken könnten.

Schenken heißt nicht umtauschen, entgegnete der Bauer, wir schenken, weil wir Freude machen wollen, weil wir damit noch deutlicher zeigen möchten, man hat sich gern, auch wenn man übers Jahr manchmal aneinandergerät. Nehmen Sie's und zeigen Sie uns Ihre Freude, ohne gleich ans Zurückgeben zu denken.

Jetzt fühlte sich Freddy erst recht verlegen, denn es ging ihm in diesem Moment ein Licht auf. Und er schämte ich innerlich. Warum war er nicht früher draufgekommen.

Zum Schluss der Feier sangen alle ‚Oh du fröhliche Weihnachtszeit'. Sogar Freddy sang mit, so gut er den Text noch von der Schule her kannte.

Als sich die Bauersleute mit den Kindern samt Großvater, Knecht und Melker an den Küchentisch setzten, gehörten Margrit und Freddy schon wie zur Familie. Hatten sie zu Anfang der Weihnachtsfeier ständig gehofft, der Automechaniker werde bald eintreffen und sie befreien, so dachten sie gar nicht mehr an den Kaviar, die Gänseleberpastete und die flambierten Wachteln, die man jetzt bei ihnen zu Hause genoss. Sie griffen herzhaft zu und lobten den würzigen Schweinebraten, den die Bäuerin aus der Röhre gezogen hatte.

Später noch als angekündigt, kam der Pannenhelfer. Es hatte aufgehört zu schneien, und die Nacht verströmte Ruhe und Klarheit. Sogar Sterne glänzten jetzt am Himmel, und die Landschaft sah aus, als wäre von nun an ewig Friede auf Erden. Freddy wollte den Bauersleuten ihre Gastfreundschaft begleichen, zog einen Hunderter aus dem Portemonnaie. Aber der Bauer wehrte entschieden ab:

Wir haben es mit Freuden getan, und es wäre keine Freude mehr, wenn wir uns dafür bezahlen ließen. Bitte behalten Sie es, oder geben Sie es denen, die nichts haben.

Die Störung am Motor war schnell behoben. Ein defekter Zündunterbrecher musste ausgewechselt werden, und der Wagen sprang wieder an, als wäre nichts gewesen.

Warum wendest du? fragte Margrit, als sie wieder im Auto saßen.

Ich denke, wir fahren nach Hause. Wir haben doch Weihnachten gefeiert, und es ist spät. Ich glaube, Vater wird bald den Schalter drehen und die elektrischen Kerzen löschen.

Das Krippenspiel der dritten Sek

Ach Gott, warum ist alles, was wir über dich sagen sollen, so kompliziert? Mit einem tiefen Seufzer lehnte ich mich im Sessel zurück. Ich hatte laut gesprochen. Dabei sass ich ganz allein am Schreibtisch in meiner Zelle. Außerdem lag die Nacht über dem Dorf und es galt Stillschweigen im Kloster. Aber mein Seufzen war nicht unbegründet. Seit Tagen hatte ich mich nur mit dem einen Gedanken beschäftigt: Wie bringe ich die Sache mit Weihnachten an die jungen Leute? Nichts wollte mir einfallen. Inzwischen bewegte sich der Zeiger meiner Schreibtischuhr bereits auf halb zwölf zu, und am andern Morgen sollte ich die letzte Schulstunde vor Weihnachten mit den Schülern der dritten Sek aus dem Dorf halten. Mit den Kleinen kann man wenigstens Krippenspiele aufführen: Maria und Josef auf Herbergssuche, die Geburt mit den Engeln und den Hirten, schließlich die heiligen drei Könige, die dem Stern folgen. Aber fangen sie mal an, Erwachsen zu werden, bringen sie dafür nur noch ein müdes Lächeln auf:

Kindergeschichten, schön, aber kitschig.

Und dann die Weihnachtslieder!

Was wollt Ihr denn singen?

Tokyo Hotel.

Tote Hosen.

Recht und gut. Nur, wo bleibt der Bezug zu Weihnachten?

Die hatten mir doch erst kürzlich frei und offen erklärt, mit all dem Zeug könnten sie nichts anfangen: Das glaubt ja doch keiner mehr. Wozu versuchen Sie, uns die Bibel näher zu bringen? Die lesen wir todsicher später nie.

Ich war erschrocken, hatte mir aber nichts anmerken lassen. Wir hatten dann diskutiert.

Mit Begriffen wie abendländische Kultur, Christentum, das es immer noch gebe und so weiter hatte ich es versucht. Nun ja, wenigstens für Weihnachten sollte ich doch etwas anbieten können, das hängen bliebe. Ich beugte mich über meinen Schreibtisch und rückte die Lampe zurecht. Das hatte ich schon mehrmals gemacht an diesem Abend und ich tat es gewöhnlich dann, wenn ich endlich zur Sache kommen wollte - aber ich kam nicht zur Sache.

Bringen Sie etwas, das uns heute interessiert, hatten sie gefordert, nicht Geschichten, die zwei- und dreitausend Jahre zurückliegen.

Und was interessiert euch heute?

Drogenprobleme.

Aids.

Klimaveränderung.

Krieg, Krieg.

Ja, es ist immer noch Krieg und kein Friede auf Erden!

Ich blätterte in meinen Vorlagen. Da fand sich doch so Schönes: Bilder aus der Kunst, Geschichten um die heilige Familie, Zeichnungen, Lieder, Gedichte, Verse. Und dann sogar ein Video: Das Leben Jesu von der Geburt an ..., eine gigantische Hollywoodverfilmung. Zugegeben, irgendwie war der Streifen abgegriffen und klischeehaft: der junge Orientale Jesus mit blauen Augen und blonden Locken, die unnatürlichen, verklärten Blicke der Menschen, die da zur Krippe eilten, die wie Gebete gesprochenen Worte derer, die schon immer vom Kommen des Heilands gewusst hatten. Auch die Angst, seinen Posten als König zu verlieren, in einem Land, das ohnehin von der römischen Weltmacht besetzt war, nahm ich Herodes nicht ab. Nein, damit musste ich denen nicht mehr kommen. Ich kratzte in den Haaren: Es muss doch etwas geben, das überzeugt. Das jeder Zeitströmung standhält. Etwas, das thologisch fundiert ist, das beweist ... – etwas, das theologisch ...? Klar, ich werde das denen theologisch darlegen. Und damit stand die

Idee, und sie sollte nur noch untermauert werden von den ewigen Werten der alten Kirchenväter. Gregor, Hieronymus, Augustinus ... das waren die Namen, die ich jetzt brauchte, vielleicht noch Hippolyt oder Psydodionysius, den sie den Areopagiten genannt hatten.

Ich erhob mich - stolz über diese Eingebung - nahm meine Pelerine und den Schlüsselbund, sowie eine Taschenlampe und trat in den Gang hinaus, Richtung Bibliothek. Hippolyt, Augustinus, eventuell auch Thomas von Aquin. Müsste es dann noch etwas vereinfachen. Die würden staunen am nächsten Morgen.

So wallte ich durch die unendlich langen Klausurgänge. Nur an den Ecken glimmten Nachtleuchten. Auch durch die Supraporten der Mitbrüder drang kein Licht. Die schliefen also schon alle. Erst vor dem Eingang zur Bibliothek drehte ich einen Schalter. Dann öffnete ich die Türe mit dem kolossalen Schloss und es fiel etwas Helle in den Raum. Mir schien, als begrüßte mich schweigend die Schar der Bücher. Was für ein Potenzial an Wissen ruhte in den Regalen! Unsere ganze abendländische Kultur war hier versammelt, und selbst der Raum hatte Geschichte erlebt. Da die Medaillons der Päpste und Kaiser. Ihnen hatten die französischen Revolutionssoldaten die Nasen abgeschlagen. Da die erste Ausgabe von Zwinglis Bibel, gedruckt noch zu seiner Zeit, kurz, nachdem er von hier nach Zürich gezogen war. Und von weit unten im Keller glaubte ich, die magische Kraft der Manuskripte und Inkunabeln zu spüren, Zeugen aus tausend Klosterjahren.

Die Bücherregale mit den Theologicas standen nördlich, nahe der Türe. Es war kalt, ich zog die Kapuze über. Dann ließ ich den Lichtkegel meiner Taschenlampe über die Buchreihen gleiten, bis ich auf Augustinus stieß, auf seine gesamten Werke, alle in weißem Schweinsleder gebunden, staubig und geduldig, wie seit Hunderten von Jahren. Ich zog eines heraus, schlug es auf: Confessiones. Nein, seine Bekenntnisse schienen mir nicht geeignet. Doch da, vielleicht die Sermones. In einer Sammlung von Predigten müsste es doch wohl solche über Weihnachten geben. Ich blätterte, fand ein Inhaltsverzeichnis ... da, De gratia incarnationis, über die Gnade der Menschwerdung, das schien passend. Ich schleppte das Buch zu einem Tischchen in der Fensternische, knipste ein Lämpchen an, setzte mich und begann zu lesen:

Wach auf, du Mensch! Gott ist für dich Mensch geworden.

Sehr schön, wirklich schön gesagt, und da:

Auf ewig wärest du tot, wäre Gott nicht in der Zeit geboren worden ...

Wäre Gott nicht in der Zeit geboren worden? Da hatten wir es auch schon wieder, und ich hörte es bereits in den Ohren: Was interessiert uns, was vor zweitausend Jahren passiert ist?

Ich spürte Müdigkeit in den Augen, las trotzdem weiter: Nie wärst du frei geworden vom Joch des Fleisches, von der Sünde. Dem ewigen Unglück wärest du anheimgefallen, wäre dieses Werk der Barmherzigkeit nicht geschehen.

Wie um alles in der Welt sollte ich das in die Sprache der Jungen übersetzen? Ich vermochte die Augen kaum mehr offen zu halten. Du wärest verschmachtet, wäre er nicht zu Hilfe gekommen, du wärest zugrunde gegangen, wäre er nicht gekommen ... wach auf du Mensch ... wach auf ... Ich schlief über den Sermones von Augustinus ein.

Schritte schreckten mich auf.

Was sucht Ihr denn hier?

Neben mir standen drei meiner Sekundarschüler.

Carl, Walter, Hans-Urs? Wie seid Ihr hereingekommen?

Ganz einfach: durch die Türe.

Schon! Bloß, ich meine: unten, bei der Pforte, mitten in der Nacht?

Es ist nicht mitten in der Nacht. Es ist Morgen und die Schule hat begonnen.

Wir haben Sie vermisst, sind da, Sie abzuholen.

Moment mal - alles in Ruhe. Ich blinzelte verwirrt nach oben: Wo auf der Welt gibt es Schüler, die ihren Lehrer zu Hause abholen, wenn er den Unterricht verpasst? Ich konsultierte meine Uhr: kurz nach halb acht. Nun schämte ich mich, hatte ich doch tatsächlich die ganze Nacht in der Bibliothek verbracht und am Morgen buchstäblich verschlafen. Dabei wollte ich eine gute Schulstunde halten.

Jetzt bin ich nicht vorbereitet. Wie Ihr seht, lese ich bei Augustinus gerade etwas über Weihnachten.

Wer ist Augustinus?

Einer der bedeutendsten Kirchenväter, er lebte ums Jahr 400 und ... ach ja, ich seh's euren Augen an, ihr braucht gar nichts zu sagen ... schon gut ... ich lasse die Stunde ausfallen, ihr dürft wieder nach Hause gehen.

Wir wollen nicht nach Hause gehen, wir wollen die Schulstunde halten und Sie müssen unbedingt dabei sein.

Was soll ich denn erzählen?

Nichts, gar nichts. Wir haben alles vorbereitet.

Sie müssen nur mitkommen, sonst nichts.

Ungläubig erhob ich mich, allerdings auch umständlich, dachte, mein Rücken breche entzwei. Eine ganze Nacht auf einem Stuhl sitzend, den Kopf auf Augustins Sermones: nicht gerade das Bequemste. Die Jungs zogen mir voran, die Treppe hinunter, durch den Gang des Gymnasiums, zur Externenpforte hinaus auf den Klosterplatz. Fast blendete die Schneedecke, obwohl es noch dunkel war und nirgends ein Licht brannte. Über dem Dorf schwebte eine geisterhafte Stille. Keine Autos, keine Menschen. Das schien mir sonderbar. Aber ein neuer Blick auf die Uhr bestätigte es nochmals: Es war bald acht. So folgte ich kopfschüttelnd den Jugendlichen, die soeben in die Eisenbahnstraße einbogen. Als ich mich umdrehte, sah ich keine Fußspuren im Schnee. Doch blieb nicht Zeit zum Nachdenken, die Burschen begannen zu rennen und ich keuchte hinterher.

So wartet doch, ich habe nicht mehr die Lunge eines Fünfzehnjährigen!

So erreichten wir das Furrenschulhaus. Eigenartig, auch hier brannte kein Licht, alle Fenster tiefschwarz. Im Hof vor dem Haupteingang blieben wir stehen. Hier erhellten ein paar Kerzen das Geschehen. Ich grüßte, aber keiner der jungen Leute gab mir Antwort – mehr noch, sie schienen mich überhaupt nicht zu beachten. Nur meine drei Begleiter blieben mit zur Seite:

Wir haben ein Krippenspiel vorbereitet.

Ein Krippenspiel? Ihr?

Ja, aber Sie dürfen die Schauspieler nicht stören, setzen Sie sich.

Ich tat es entgeistert. Was ging hier vor? Ein Krippenspiel? Die, in diesem Alter? War es ihnen ernst oder wollten sie mich auf den Arm nehmen? Skepsis war angesagt. Sie hatten den Schulplatz mit den Arkaden etwas umgestaltet, die Abfallcontainer um das Gebäude herumgekarrt und sichtbar hingestellt. Daneben sah ich Fässer aus Blech, Öl- und Benzinfässer eben, schmierig und dreckig, als kämen sie direkt von der Schutthalde. Als sich meine Augen eingewöhnt hatten, glaubte ich, einen schäbigen Hinterhof vor mir zu haben. Unwahrscheinlich echt wirkte alles, sogar Öllachen schimmerten am Boden. Außerdem roch es genauso ölig, mufflig, verwahrlost, ja geradezu bedrohlich und gefährlich, wie es aussah. Dann betraten Ruth und Paul die Szene.

Aha, das Krippenspiel, dachte ich, Maria und Josef auf der Herbergssuche.

Aber Maria und Josef suchten keine Herberge und auch keinen Stall. Sie kamen als Asylanten, eben erst hierher geflüchtet, die Strapazen im Gesicht noch ablesbar, dazu aus Angst über die grüne Grenze eingeschleust, illegal.

Solche Leute sind unerwünscht, werden bei uns eingesperrt oder abgeschoben. Das hatte ihnen bereits jemand klargemacht. So nisteten sie sich in dem Hof ein, hinter den Benzinfässern, zum Schutz vor Wind und Kälte – und vor den Menschen. Und dann gebar die Frau ein Kind. Einen Jungen, und weil er schrie, erwachten rundum die Anwohner. Überall flogen Fenster auf.

Was ist denn da unten los!

Scheinen Vagabunden zu sein!

Landstreicher!

Clochards!

Sicher wieder Asylanten, holt die Polizei!

Ruhe, oder ich lasse den Hund raus!

Das Kind beruhigte sich bei der Mutter, und die Fenster gingen wieder zu. Ein fürwahr eigenartiges Krippenspiel.

Eine andere Szene hub an, sich zu bewegen: Durch einen Torbogen strömten Menschen ein. Stumm und lautlos füllten sie den Hof, und mir schien, die Häuser rückten immer weiter weg, so als wollten sie mit diesen Menschen nichts zu tun haben. Aber in Tat und Wahrheit wichen sie nur, weil immer mehr Menschen ankamen. Hatte ich zunächst noch gedacht, es müsste sich um alles Schüler und Schülerinnen des Schulhauses handeln, die jetzt mitspielten, so verwarf ich diesen Gedanken schnell, denn es mochten Tausende, Zehntausende sein, die nun dastanden und die Frau und das Kind anschauten. Es waren keine vornehmen Leute. Ich erkannte Drogenabhängige, Prostituierte, Obdachlose, Aidskranke, Analphabeten, Rocker, Asylanten, Arbeitslose, Menschen vom Rand der Gesellschaft, und immer noch füllte sich der Innenhof und alle betrachteten stumm das Kind, über dem plötzlich ein Licht aufging, das sich langsam zum Himmel erhob.

Erstaunlich, was heutige Bühnentechnik vermag. Vermutlich ein Licht aus einer Laserkanone, flüsterte ich, auf die Seite gewendet, aber meine drei Begleiter waren verschwunden.

Und dann entstand ein Brummeln und Summen unter diesen Menschen und sie hoben zu einem Lied an, das weder nach Bach noch nach Mozart klang, sondern eher fürchterlich falsch tönte, fast so vielstimmig, wie Menschen da waren, aber mit einer Innigkeit, wie ich sie noch nie gehört hatte, ein Lied ohne Text und ohne Melodie, und alle sangen, und die Töne schraubten sich immer höher und höher, und dann schauten alle diese Menschen hinauf zum Himmel, wo der Stern stehen geblieben war und in der Strahlkraft eines Supertroupers leuchtete. So etwas hatte ich noch nie erlebt. Wann und wo hatten die ein solches Spiel einstudiert? Alles wirkte so echt, so ergreifend, so ganz anders. Ja, wie war das möglich, in einer so wirklichkeitsnahen Kulisse ... oder war es am Ende gar keine Kulisse, waren es gar keine Schauspieler? War es nicht genau so, wie es war, einfach irgendwo draußen in irgendeiner Stadt, hier und heute? Und die Drogensüchtigen waren Drogensüchtige, die Dirnen waren Dirnen und die Obdachlosen hatten tatsächlich nirgends ein Zuhause? Die Kälte zwang mich, den Mantelkragen hochzustellen. Längst war ich aufgestanden. Da hörte der eigenartige Gesang mit einem Schlag auf, und es war wieder still wie am Anfang.

Panik erfasste die Menschen und sie drängten alle zum Durchgang auf die Straße. Und wie sich der Hinterhof leerte, so rückten auch die beängstigenden Hausfassaden wieder näher. Zurück blieben nur die Flüchtlinge mit ihrem neugeborenen Kind. Dafür stürmten nun Uniformierte mit Hunden in den Hinterhof. Ob sie Verbrecher suchten, fragte ein Anwohner. Nein, es handle sich um illegal eingereiste Asylanten. Sie hätten gegen das Asylrecht verstoßen. Dazu sollten sie einen Säugling dabei haben, hätten also gegen das Gesundheitsgesetz verstoßen, und da sie sich in einem Innenhof eines Gebäudes aufhielten, das ja schließlich jemandem gehöre, hätten sie gegen das Eigentumsrecht verstoßen und Hausfriedensbruch begangen. Mit grellen Scheinwerfern leuchteten die Uniformierten alle Wände und Winkel ab, auch die Benzinfässer. Aber die Benzinfässer, so hässlich sie ausschauten, warfen Schatten auf die Frau und den Mann und das Kind. Und die Hunde witterten zwar eine Spur, verloren sie aber im Gestank dieser Kloake. Lange Zeit geschah nichts, ich hörte nur die Autos wegfahren.

Aber dann traten andere Leute durch das Tor. Es waren Gaukler, Clowns, Künstler, Zauberer, Zigeuner. Die Zigeunerinnen schlugen mit Kastagnetten und Tamburinen einen fröhlichen Rhythmus und alle begannen zu tanzen. Wieder schwebte eine so eigenwillige, ungewohnte Musik in der Luft, eine Musik nur aus Rhythmus. Und der Rhythmus pochte immer schneller und schneller, wie bei einem Trommelwirbel und doch anders und plötzlich brach er ab und mit ihm der Tanz. Es bildete sich ein Halbkreis, und aus dem Halbkreis traten drei Menschen, Carl, Walter und Hans-Urs. Sie kauerten nieder und zeichneten mit Kreide einen Kreis auf den Asphalt. Ich erkannte Sternbilder, Planeten, den Tierkreis.

Wir sind Astrologen, sagten sie feierlich, wir haben die Sternkonstellationen studiert und Jupiter am Medium Coeli gesehen. Wir sind von weither gekommen und haben uns erkundigt, ob hier irgendwo ein besonderes Ereignis bevorstehe.

Es muss sich um etwas handeln, das die Welt verändert.

Es muss etwas sein, das Kriege stoppt und Hunger stillt.

Wir haben nach den Mächtigsten im Lande gefragt, aber niemand konnte sagen, wer der Mächtigste sei.

Aber dann sind wir auf die Macht selber gestoßen. Und die Macht heißt Geld, denn allein das Geld ist es, das die Welt regiert. Alle Menschen, ob Politiker in demokratischen Staaten oder Diktatoren in totalitären Systemen, alle Menschen sind letztlich nur Werkzeuge des Geldes. Darum sind Millionen süchtig nach Geld, und darum geschieht alles Leid auf der Erde wegen des Geldes. Geld und Macht.

Das war nicht immer so. Anfänglich hat das Geld tatsächlich für alle gesorgt, und die Menschen hatten zu essen. So sah es zunächst aus, als ob das Geld nur Gutes tun könnte und alle Menschen waren voll Hoffnung und Zuversicht und begannen das Geld über alles zu lieben und zu verehren. Das war der Anfang vom Verderben. Je mehr sich das Geld nun im Zentrum aller Dinge sah, je mehr es merkte, wie unentbehrlich aber umso begehrlicher es war, umso mehr spürte es in sich den Drang, mächtiger und noch mächtiger zu werden, und so vergaß es seine ursprüngliche Bestimmung und berauschte sich am Gedanken, das absolut Mächtigste zu sein, das es auf der Welt gibt – und es sagte: Ich bin mächtiger als Gott – ja, ich bin Gott.

Das Geld beherrschte jetzt alles. Es beherrschte selbst diejenigen, die meinten, sie seien seine Besitzer. Aber nicht sie besaßen das Geld, sondern das Geld besaß sie. Denn diese kamen und gingen, wurden geboren und mussten sterben – sie alle waren austauschbar – während das Geld immer Geld blieb.

Staaten, Staatsverbände, was hieß das schon? Das Geld wollte auch da regieren, ganz allein und souverän, und so sorgte es mehr und mehr für eine Abhängigkeit aller bis dahin unabhängigen Staaten voneinander.

Doch Staaten waren für das Geld bereits zu eng. So bediente sich das Geld dann der Wirtschaft, möglichst ganzer globaler Konzerne. Diese wuchsen und wurden immer größer und fraßen die Kleinen nach und nach auf, bis sie selber von noch größeren und noch weltweiteren Konzernen aufgefressen wurden oder ganz vom Erdboden verschwanden. So regierte das Geld einfach unter den Landesgrenzen hindurch.

Die Sterndeuter hielten inne und nach einer Pause erklärte Hans-Urs: Und so sind wir zum Geld und zur Macht gegangen und haben gefragt, was dieses strahlende Licht am Himmel bedeuten soll.

Das Geld hat die Wissenschaftler und die Theologen und die Philosophen und die gescheitesten Leute aus dem Land zusammengerufen, und diese haben in alten Büchern und Schriften nachgelesen und geschaut, ob etwas über einen solchen Stern zu finden wäre und ob es am Ende gar etwas gäbe, was der Macht gefährlich werden könnte. Dabei ist man auf Schriftstellen gestoßen, die von einem Kind reden, das in diesen Tagen in Everywhere auf die Welt kommen soll und das fähig wäre, die Welt zu verändern und dem Geld seine Macht zu nehmen. Das Geld würde dann wieder zu einem reinen Zahlungsmittel und somit könnten die Menschen damit wieder Gutes tun und würden aufhören, selber auch nach Macht zu lechzen und sich gegenseitig umzubringen und auszugrenzen. Das neugeborene Kind verbreite eine Lehre, die nur von Liebe und nochmals Liebe getragen sei.

Das Geld erschrak bei dem Gedanken, die Macht abgeben zu müssen und beschloss, sofort zu handeln. Es blies sich selber auf wie ein Luftballon – mit Geld, das gar kein Geld war, das gar nicht existierte, das nur so den Anschein machte, als wäre es Geld. Und diese Methode verbreitete das Geld mit einem Schneeballeffekt rund um den Globus und das ging so lange gut, bis der erste Luftballon platzte. Dann krachten die Börsen und versetzten die ganze Welt in Angst und Schrecken. Die Sparer befürchteten, ihre Scherflein und die Unternehmer, ihre Reserven zu verlieren. Niemand wusste, ob die Nahrungspreise steigen würden und die Zinsen auch, bis nur noch dort Geld läge, wo ohnehin schon alles liegt. Und dann begann das Geld, einen Betrieb nach dem andern zu schließen, worauf immer mehr Leute auf der Straße standen. Und damit ja alle von Anfang an auch sehen konnten, wie ernst es das Geld meinte, fing es mit den Betrieben an, an die zuletzt jemand gedacht hatte, mit den Banken nämlich - und es ließ ein Finanzinstitut nach dem andern auf der ganzen Welt einfach im Nichts verschwinden.

So baute das Geld seine Macht aus und wurde absolut unentbehrlich. Jetzt mussten ihm wirklich alle bedingungslos huldigen. Und so entbrannte ein gewaltiger Kampf zwischen dem

Kind, das eine ganz einfache Lehre nur von der Liebe verbreitete und dem Geld, das die Macht hatte. Und es scheint fast so, als bliebe die Macht an der Macht und ginge die Lehre des Kindes verloren, verloren, weil niemand mehr auf sie hört, weil es ja nur die Lehre eines Kindes ist und weil eine Lehre, die nur sagt, man solle sich gegenseitig gernhaben, eine viel zu simple Botschaft ist, viel zu einfältig, um sie zu befolgen. Auch wenn sich seit zweitausend Jahren eine immense Schar von Menschen nach dem Namen dieses Kindes benennt, auch wenn ungezählte von ihnen versucht haben, diese einfache Lehre nachzuahmen, selbst unter Einsatz ihres Lebens, so hat sie doch immer wieder versagt, weil die Gier nach der Macht und dem Geld stärker war, und so verhallt sie auch jetzt wieder unerfüllt zwischen den Benzinfässern.

Aber nicht genug: Das Geld will noch mehr: So hat es eines Tages angefangen, aus der Geburt des Kindes Profit zu schlagen, und der Erfolg gibt ihm recht. Dabei hat für viele die Begegnung mit diesem Kind gerade solange Bedeutung, wie die elektrischen Kerzen in den Straßen und Schaufenstern der Läden brennen, und sobald sie verlöschen, verlöscht auch wieder die Botschaft.

Inzwischen hatte ich mich auf einen Kanister gesetzt. Meine Gedanken kreisten. Die Astrologen schritten nun hin zu dem Kind zwischen den elenden Fässern. Sie knieten nieder und sagten:

Wir haben kein Gold, keinen Weihrauch und keine Myrrhe. Wir haben nur Blut und Tränen, Schweiß und Mühsal. Das bringen wir mit, denn auch in zweitausend Jahren ist es uns nicht gelungen, deine Botschaft für alle verständlich zu machen, denn zum einen hören viele nicht hin, zum andern ist die Botschaft oft verpackt in ein viel zu kostbares Papier, und wer wagt es, zu öffnen.

Allmählich leerte sich der Platz. Die Astrologen schritten als Erste hinaus, mit ihnen die Frau und der Mann mit dem Kind, und schließlich alle anderen. Das Spiel schien beendet zu sein und sie gingen offensichtlich zurück in ihre Klassen. Sie hatten auch die Lampen ausgeschaltet und der Innenhof wirkte jetzt noch trostloser. So blieb ich ganz allein eine Zeit lang sitzen. Ich fühlte mich zerrissen und geschlagen. Wozu soll das alles noch einen Sinn haben, wenn die Zukunft so düster aussieht?

Wie ich umständlich aufstehen und gehen wollte, schaute ich zufällig nach oben. Der leuchtende Stern war noch immer da. Dieses Licht, das zu Beginn des Spieles aufgegangen war und über allem schwebte, war noch immer da, unerschütterlich und unmissverständlich.

Ich fror. Ein Schaudern durchfuhr mich. In der Bibliothek war es tatsächlich kalt. So wachte ich auf. Vor mir auf dem Tischchen lag noch immer Augustinus, und zwischen den Fingern meiner aufliegenden Hand sah ich die Worte:

Wach auf du Schläfer, und steh auf von den Toten, und Christus wird dein Licht sein. Ja Gott ist Mensch geworden für dich.

Ich schaute auf die Uhr: kurz vor Mitternacht. Ich hatte also gar nicht so lange geschlafen. Aber ich hatte verstanden. Ich schlug die Sermones zu:

Ja, ja, mein lieber Augustinus, was du da sagst, ist meisterhaft gesagt. Nur die Verpackung ... du weißt, ich muss morgen zu jungen Leuten reden, junge Leute so zwischen dreizehn und sechzehn, Menschen im dritten Jahrtausend – Menschen, die ihr ganzes Leben noch vor sich haben. Ich denke, du bist mir nicht böse ...

So eilte ich zurück in meine Zelle. Die Nacht würde kurz werden, bald würde es halb sechs schlagen und die Mönche würden zur Mette gehen. Aber dann, um halb acht, würde ich pünktlich im Furren-Schulhaus sein. Ein Skript bräuchte ich diesmal nicht.

Dann ging die teure Uhr kaputt

Keuchend und völlig außer Atem türmte Yvonne alles, was sie in Taschen, Papiersäcken, Einkaufskörben eben mit knapper Not die Treppe hinauf gestemmt hatte, auf den Küchentisch: Mist, den Weihnachtsstollen hab ich vergessen!

Obwohl er in der Stube vor dem Fernseher sass und sich bisher überhaupt nicht um das gekümmert hatte, was seine Frau in der Küche tat, hörte Bruno das Stichwort. Weihnachtstollen mochte er nämlich fürs Leben gerne.

Das sieht dir wieder ähnlich. Hast's womöglich extra gemacht.

So ein Blödsinn - extra gemacht. Du hättest mir besser beim Einkaufen geholfen. Steht wenigstens der Christbaum?

Das hat Zeit.

Zeit, Zeit, alles hat bei dir Zeit, und ich muss hetzen und machen. Hättest mal sehen sollen, wie viele Leute jetzt noch beim Einkaufen sind.

Hat jemand gesagt, man solle erst am Heiligen Abend einkaufen?

Yvonne hüpfte ins Kinderzimmer hinüber. War das wieder eine Stimmung zu Hause. Wenigstens spielten die Kinder friedlich. Der zehnjährige Kay malte mit Wasserfarben, und Elvira, sein achtjähriges Schwesterchen, fütterte seine Puppe.

Spielt schön weiter, bald kommt das Christkind, mahnte die Mutter, und es kommt wirklich nur zu braven Kindern.

Der Berg Arbeit, der noch vor ihr lag, schien unüberwindlich und stresste sie. Schnell zog sie den Kopf aus dem Kinderzimmer und hetzte zurück in die Küche.

Jetzt hast du ja immer noch nicht angefangen, den Christbaum aufzustellen, schimpfte sie erneut und hantierte merklich lauter, um ihrem Mann zu zeigen, wie sehr sie alles alleine tun müsste.

Herrgott noch mal, ich wollte noch den Film fertig sehen, knurrte Bruno und sprang nicht weniger lärmend auf, drehte den Fernsehapparat mit Getöse aus und griff sich den Christbaum vom Balkon.

Funken sprangen nicht erst seit Neustem in dieser Ehe. Aber die Gründe, worüber sie stritten, waren geradezu inflationär. Es genügte ein Wort, eine Geste und im Dach war wieder Feuer. Manchmal lag die Schuld bei ihm, dann wieder bei ihr. Meistens aber fehlte es beiden ganz gehörig an Toleranz.

Bruno schleppte nun den wuchtigen Tannenbaum in die Stube und zwängte den Stamm in den Eisenfuß.

Pass auf, du machst eine Sauerei, keifte nun wieder Yvonne und stellte sich unter die Stubentüre.

So, jetzt lass mich machen und tu deinen eigenen Kram.

Du wirfst noch etwas hinunter – pass auf - das Stubenbüffet - oje!

Als Bruno den Baum hochstellte, fegte er mit den Ästen die wertvolle Keramikuhr vom Büffet und sie zersprang in tausend Scherben.

Und mit diesen Scherben war auch der Hausfriede endgültig zerbrochen. Yvonne schrillte, weil die Uhr damals ein Hochzeitsgeschenk einer Schulfreundin war, und Bruno röhrte: Hättest du dich nicht eingemischt, wäre nichts passiert.

Die Kinder hatten aufgehört zu spielen.

Immer sagen sie, wir dürfen nicht streiten und tun es selber, flüsterte Kay.

Ja, und wenn sie nicht brav sind, kommt das Christkind gar nicht, befürchtete Elvira.

Sie schlichen leise in den Gang hinaus und spähten in die Stube, wo der Ehezwist eben seinen Höhepunkt erreichte:

Alles ist deinetwegen, weil du nur immer an dich, deinen Fernseher und deinen Beruf denkst.

Ach, und wer bringt den Zaster nach Hause? Wer verdient die Brötchen?

Du lässt mich ja nicht arbeiten gehen. Ich würde auch mitverdienen.

Das fehlte gerade noch, schau zu den Kindern und koche anständig. Wäre besser, als immer in den Weibervereinen rumzuhocken und in die Kirche zu rennen.

Sei du nur froh, das verbietet mir nämlich, dich zu hassen.

Kay und Elvira zogen sich erschreckt in ihr Kinderzimmer zurück. Die Streitereien der Eltern machten sie traurig, und gerade heute, wo doch Heiliger Abend war.

Es ist wegen der Uhr, die Papi kaputtgemacht hat, flennte Elvira.

Kay überlegte mit einer Sorgenfalte, die so gar nicht in sein Kindergesicht passte, dann platzte er heraus: Weißt du was, wir kaufen Mami und Papi eine neue Uhr, und dann sind sie wieder lieb zueinander.

Zwei ungläubige Augen wurden noch größer: Hast du denn Geld?

Wir metzgen unsere Sparsäuli.

Das dürfen wir nicht.

Warum nicht? Wir machen ihnen doch eine Freude - glaub mir, die freuen sich dann.

Zwar hatte das Donner und Doria in der Stube etwas nachgelassen, die Mutter hatte die Scherben weggeräumt und hantierte wieder in der Küche und der Vater bemühte sich, in seinem Zorn wenigstens den Christbaumschmuck nicht auch noch kaputtzumachen, aber es genügte den Kindern, unbemerkt ihre Sparschweinchen am Bettrand aufzuschlagen, die Jacken anzuziehen und sich heimlich nach draußen zu schleichen.

Sie waren fest entschlossen, ihr Erspartes zu opfern. Wie teuer das Schmuckstück in Wirklichkeit war, konnten sie natürlich nicht abschätzen.

Die Straße glich einem Irrenhaus. Schon die ganze Vorweihnachtszeit durch hatten Hektik und Unruhe die Menschen umhergetrieben, aber jetzt, knapp vor Ladenschluss eskalierte der Massenstress. Leute eilten, ja schwirrten geradezu wie Wespen von Laden zu Laden, weil ihnen noch dies und das in den Sinn kam, dass sie noch nicht eingekauft hatten. Man hätte meinen können, ab morgen gäbe es eine Hungersnot und alles würde rationiert.

Die Dämmerung hatte sich auf die Stadt gelegt und der Nordwind blies eisig kalt. Der Schnee auf den Straßen und Trottoirs war schmutzig und zertrampelt, die Schaufenster grell erleuchtet, überall brannten elektrische Kerzen, es roch nach Marroni und von irgendwoher schwebte der Klang von weihnachtlicher Blasmusik.

Die beiden Kinder, die sich an der Hand haltend durch das Gewühl zwängten, erstrebten nur ein Ziel: Sie wollten für ihre zerstrittenen Eltern eine Uhr kaufen, damit das Fest am Abend doch noch ein frohes würde. Kay erinnerte sich, schon vor Tagen im Schaufenster des Warenhauses, oben am Fronwagplatz solche Uhren gesehen zu haben. Schon stellten sie sich auf die Zehen, drückten ihre Nasen am Fensterglas platt und suchten nach einer, die der Kaputtgegangenen am meisten glich.

Ihr könnt da nicht mehr hinein! Ein Mann am Eingang hielt die Kinder zurück. Wir schließen.

Kay und Elvira erschraken. Jetzt, wo sie so nahe am Ziel waren, den Familienfrieden zu retten, sollte ihnen das noch verwehrt werden?

Aber das Bienenhaus vor dem Eingang hielt den armen Mann auf Trab. Wie Hyperventilierte gerieten viele in Torschlusspanik und er musste sie auf allen Seiten abweisen. So schlüpften die Kinder hinter seinem Rücken durch und schafften es nach innen.

Zu Hause war es ganz ruhig geworden. Bruno hatte sich eine Pfeife angesteckt, um besser den Mund halten zu können, und schmückte den Christbaum. Yvonne ihrerseits schmollte in der Küche still vor sich hin. Das ging lange so, und keiner bemerkte das Fehlen der Kinder.

Draußen hatte die frühe Nacht die Herrschaft übernommen. Die Straßen lichteten sich rasch und gründlich - schneller als zu jeder anderen Zeit des Jahres. Das Verkaufspersonal bemüht, zügiger als sonst nach Hause zu kommen, hatte die Berufsschürzen ausgezogen und die Ladentüren geschlossen. Endlich war der Heilige Abend da.

Weißt Du, wo die Kinder sind? rief Yvonne, als sie die beiden zum Baden holen wollte und das Kinderzimmer leer vorfand.

Woher soll ich das wissen? Bin ich denn ihr Hüter? knurrte Bruno sich wieder vor den Fernseher setzend. Den Baum hatte er fertig dekoriert. Die spielen wohl noch draußen!

Draußen spielen, so ein Unsinn, bei der Kälte, maulte die Mutter, allerdings leise, denn irgendwie sollte doch endlich ein wenig Frieden einkehren. Sie öffnete das Fenster und schaute in den Hof, rief die Namen, stieg in den Keller hinunter, in die Waschküche, in die Garage, hetzte hinauf in den Estrich - nichts.

Das ist ungewöhnlich, sie sind nirgends, sagte sie in einem jetzt sorgenvolleren Ton zu Bruno.

Sie werden bei jemandem in der Wohnung sein, frag nach.

Yvonne klopfte an die paar Wohnungstüren von Leuten, bei denen sie ihre Kinder vermutete, aber niemand war in der Lage, ihr zu helfen. Jetzt erst erfasste auch den Vater eine gewisse Unruhe: bei Freunden - sie sind gewiss bei Freunden.

Yvonne wählte ein paar Telefonnummern. Nichts. Nun bequemte sich Bruno endlich aus seinem Fernsehsessel. Er trat ins Kinderzimmer: Kay, Elvira, los, es war bis jetzt lustig. O. K. ihr habt euch versteckt. Nun kommt hervor! Ihr seid im Schrank, nein - aber unter dem Bett - was ist denn das? Bruno hielt ein paar rosarote Scherben in der Hand.

Ihre Sparsäuli.

Was heißt das?

Sie haben die Kässeli aufgeschlagen - sie sind weg. Jesses!

Bruno schmetterte die Scherben in eine Zimmerecke: Was ist denn das für ein Gehabe. Spinnen denn jetzt in diesem Affenhaus alle!

Nicht schon wieder, Bruno, bitte nicht schon wieder. Lass uns lieber überlegen, wo sie hingegangen sein könnten.

Du hast eigentlich recht. Schon einmal sind sie ausgerissen. Sie sind damals nicht weit gekommen.

Nur, da war Sommer. Und zudem ist heute Heiliger Abend, welches Kind läuft da schon einfach weg. Die hatten ja gar keinen Grund, spielten so schön heute Mittag.

Bruno zog den Mantel an: Ich gehe mal auf die Gasse, rufe du inzwischen alle möglichen Leute an. Später telefoniere ich aus einer Kabine. O. K.?

Stinksauer stapfte der Mann durch die leeren Gassen der Stadt. Zu allem Elend setzte noch Schneefall ein. Unter normalen Umständen trüge das zur Weihnachtsstimmung bei. Nur jetzt war ihm überhaupt nicht um Weihnachten. Wo nur sollte er anfangen zu suchen. Am Bahnhof vielleicht, wo es immer Leute gab und wo die Heilsarmee ihre Ständchen spielte, oder beim Schulhaus, beim Münster?

Noch immer missmutig überquerte er den Fronwagplatz und streifte ganz zufällig ein Schaufenster. Verdammt noch mal. Wegen der Uhr hat das ganze Affentheater doch angefangen. Wegen der Uhr? Seine Füße stoppten. Lange starrte er in das festlich dekorierte Schaufenster. Der Streit, dachte er, Ja, der Streit. Schon im Sommer war das so. Damals hatten wir uns beinahe geprügelt, und plötzlich hatten die Kinder gefehlt.

Bruno ahnte nicht im Geringsten, wie nahe er bei seinen Kindern stand. In der Endphase vor Ladenschluss war in dem Warenhaus alles aus dem Ruder gelaufen. Aus irgendeinem Grund hatte der Lift im Kellergeschoss angehalten und Elvira und Kay waren ausgestiegen. Alle Angestellten hatten nur ans Dichtmachen gedacht. Die Lichter waren ausgegangen, die Türen wurden verschlossen. Niemand hatte die Kinder bemerkt.

Yvonne flennte. Schon das x-te Telefon zu Verwandten und Bekannten. Das Einzige, was sie damit erreichte, war Bestürzung, Aufregung, ein paar gute Ratschläge - ja, und den Vorwurf ihrer Mutter, endlich besser zu den Kindern zu schauen und nicht immer vor ihren Augen den ganzen Ehefrust auszuspielen.

Es war schon nach Acht, als Bruno anrief: Ich weiss nicht weiter - du weinst?

Niemand kann sagen, wo sie sind. Dein Bruder kommt rüber, will uns suchen helfen.

Ich weiss keine andere Möglichkeit, ich gehe zur Polizei.

Oh Gott, wenn da nur nichts passiert ist.

Yvonne setzte sich in der Stube neben den Christbaum, an dem sich in dieser Nacht noch keine Kerzen in Kinderaugen gespiegelt hatten, und heulte los. Ist das eine Weihnacht! Und während sie ihr Taschentuch wässerte, versuchte sie ihr Gewissen zu beruhigen. Wir sind doch gute Eltern. Wir geben unseren Kindern alles, was sie brauchen und manches, was sie sich wünschen. Wir nehmen sie mit in die Ferien, beschenken sie zu Weihnachten.

Die Mutter schaute traurig zu den ungeöffneten, hübsch eingewickelten Päcklein unter dem Christbaum: Aber geben wir

Kay und Elvira auch ein gutes Beispiel? Leben wir ihnen vor, was wir ihnen ständig predigen?

Der diensthabende Offizier auf dem Posten der Kantonspolizei runzelte die Stirne: Also, wenn Kinder in diesem Alter an einem Heiligen Abend nicht nach Hause kommen, dann müssen wir zuerst einmal auf ein Kapitalverbrechen schließen.

Bruno erschrak: Mein Gott, das darf doch nicht passiert sein.

Ich will Sie anderseits nun aber auch nicht verunsichern, beruhigte der Polizist. Weil sie offensichtlich ausgerissen sind und weil sie ihr Kässeli geleert und somit Geld mitgenommen haben, könnte das doch ein Indiz dafür sein, dass sie irgendwo hingegangen sind, sich jetzt versteckt halten oder in der Gegend herumirren.

Meine Frau hat überallhin telefoniert.

Ich werde Leute aussenden - wie gesagt, wir müssen mit dem Schlimmsten rechnen. Wir werden dazu auch die Hilfe der Stadtpolizei benötigen. Ich frage mich wirklich, was Kinder für einen Grund haben könnten, zu dieser Zeit auszurücken. Haben Sie sie geschlagen?

Nein, wir ließen sie im Zimmer spielen.

Sapperlot, aber etwas muss doch passiert sein!

Nun, äh ... meine Frau und ich haben uns gestritten - wir streiten uns öfters. Schon im letzten Sommer sind sie bei einer unserer Streitigkeiten weggelaufen.

Der Offizier schwieg eine Minute und schaute Bruno betroffen an. Dann griff er zum Telefonhörer: Ihre inneren Familienangelegenheiten gehen mich ja nichts an, aber ich würde nun doch sagen: fifty-fifty. Halbe Möglichkeit: davongelaufen, halbe Möglichkeit: Verbrechen. Ich biete die Leute auf. Haben Sie Fotos dabei?

Ach ja, hier zufällig, im Portemonnaie habe ich Bilder der Kinder.

Gut, ich gebe das auch im Lokalradio durch. Sie gehen dann besser zu Ihrer Frau nach Hause. Wie gesagt, Ihre Familienangelegenheit geht mich nichts an, aber vielleicht machen Sie sich zusammen doch ein paar Gedanken zu Weihnachten.

Die verschneiten Straßen der Stadt erwachten plötzlich wieder zum Leben. Uniformierte und zivile Polizisten suchten in allen Richtungen und am Stadtrand kreuzten Streifenwagen. Für den Kommandanten der Aktion eine schier ausweglose Sache. Er gab keinerlei Spuren. Das Letzte, was man von den Kindern wusste: Sie malten und spielten mit der Puppe im Kinderzimmer. Selbst der Suchhund hatten keine Chance. Er witterte zwar sofort eine Spur, kam aber auf dem Fronwagplatz vor dem Warenhaus auch nicht mehr weiter.

Zu Hause harrten Bruno und Yvonne zusammen auf dem Sofa. Eugen war rübergekommen, aber außer einfach da zu sein, nützte er nichts. Zwischendurch schellte das Telefon und sie zuckten jedes Mal zusammen. Verwandte erkundigten sich nach dem Stand der Dinge. Sonst dominierte bedrückende Stille. Zum ersten Mal seit langer Zeit hielt sich das Ehepaar an den Händen und zum ersten Mal seit Jahren liefen ihnen gemeinsam die Tränen. Spät in der Nacht dann endlich der Anruf des Polizeioffiziers: Wir haben ein Lebenszeichen.

Gott sei Dank, wo sind sie?

Das können wir erst vermuten. Eine Hörerin des Radios hat soeben angerufen. Sie ist Verkäuferin im Warenhaus am Fronwagplatz. Sie erinnert sich genau an die beiden Kinder. Sie sagt, unmittelbar vor Ladenschluss, als letzte Kunden habe sie die beiden bedient.

Ah, das Geld aus dem Sparsäuli. Sie wollten etwas kaufen. Was war es?

Eine Uhr.

Was sagen Sie, eine Uhr?

Ja, sie erinnere sich ganz genau, denn die Kinder wollten unbedingt eine der teuersten Uhren aus Keramik. Aber die paar Franken hätte da überhaupt nicht ausgereicht. Sie kauften dann eine Uhr aus Plastik. Irgend so einen Wecker.

Mir geht ein Licht auf.

Uns auch. Wir werden jetzt das Warenhaus kontaktieren. Da rundet ein Nachtwächter. Ich gebe Ihnen sofort Bescheid, wenn sich etwas ergibt.

Bruno sah alles buchstäblich durch Wasser. Sie haben ihr Erspartes genommen und wollten uns eine Uhr schenken, weil wir die auf dem Büffet zerbrochen und uns deswegen gestritten haben, flüsterte er fast tonlos und setzte sich wieder zu Yvonne. Was sind wir für Eltern.

Sie fanden die Kinder tatsächlich im Untergeschoss des Warenhauses. Eng umschlungen kauerten sie auf einem Fauteuil im Möbellager. Auf den Backen vertrocknete Tränen. Kay hatte den einen Arm um das Schwesterchen gelegt, mit der anderen Hand hielt er krampfhaft einen Papiersack mit einem weihnachtlich aufgemachten Päcklein. Als die Lichter ausgegangen waren, hatten sie sich heulend und schreiend durch die Gänge zwischen den Gestellen getastet. Am anderen Ende brannte eine Kontrolllampe. Aber auch die Türe bei der Kontrolllampe war verschlossen, das Telefon an der Wand für den Buben wertlos. Er kannte ja das System eines großen Betriebes nicht, wo zuerst eine Linie gewählt werden musste. Aus Angst vor der Dunkelheit hatten sie sich nicht mehr zum Lift zurück gewagt. So hatten sie sich dann auf das Möbel fallen lassen, wo sie schließlich eingeschlafen waren.

Es ging schon auf Mitternacht zu, als zwei Polizisten die Kinder nach Hause brachten.

Mami, Papi! riefen sie und weinten wieder, diesmal vor Freude.

Die Eltern schlossen sie in die Arme. Küssten sie, strichen ihnen übers Haar und waren glücklich.

Die Kerzen des Christbaums kamen erst am nächsten Abend zum Einsatz. Aber das Weihnachtsfest in der Familie strahlte dafür umso schöner. Und unter den Geschenken, die man sich gegenseitig in die Hände legte, war auch eine einfache, billige Uhr aus Plastik. Eine Art Wecker mit einem Läutwerk. Sie hatte nicht die geringste Chance gegen die stolze Keramikuhr. Aber sie steht noch heute auf dem Büffet in der Stube, und immer, wenn einer, aus welchem Grund auch immer, zu streiten beginnt, geht der andere hin und lässt die Glocke rasseln, und - nicht immer zwar, aber meistens doch – hilft das.